V&R

Praktische Theologie konkret

Band 9

Herausgegeben von
Hans-Martin Lübking und Bernd Schröder

Michael Schneider

Singen

Mit Musik Gottesdienst und Gemeindearbeit gestalten

VANDENHOECK & RUPRECHT

Bibliografische Information der Deutschen Nationalbibliothek:
Die Deutsche Nationalbibliothek verzeichnet diese Publikation in der Deutschen Nationalbibliografie; detaillierte bibliografische Daten sind im Internet über https://dnb.de abrufbar.

Satz: SchwabScantechnik, Göttingen
Druck und Bindung: BALTO print, Vilnius
Printed in the EU

Vandenhoeck & Ruprecht Verlage | www.vandenhoeck-ruprecht-verlage.com

ISBN 978-3-525-60027-6

Inhalt

Vorwort der Herausgeber

Die Reihe »Praktische Theologie konkret« will Pfarrer:innen sowie Mitarbeitende in Kirche und Gemeinde mit interessanten und innovativen Ansätzen in kirchlich-gemeindlichen Handlungsfeldern bekannt machen und konkrete Anregungen zu guter Alltagspraxis geben.

Der vorliegende Band adressiert insbesondere diejenigen unter ihnen, die Religionsunterricht in der Schule erteilen wollen oder beginnen dies zu tun – und darüber hinaus Religionslehrer:innen, die ein »Update« suchen.

Die Bedingungen kirchlicher wie schulischer Arbeit haben sich in den letzten Jahren zum Teil erheblich verändert. Auf viele heutige Herausforderungen ist man in Studium und Vikariat bzw. Referendariat nicht vorbereitet worden und in einer oft belastenden Arbeitssituation fehlt meist die Zeit zum Studium aktueller Veröffentlichungen. So sind interessante neuere Ansätze und Diskussionen in Praktischer Theologie und Religionspädagogik in der Praxis oft kaum bekannt.

Der Schwerpunkt der Reihe liegt nicht auf der Reflexion und Diskussion von Grundlagen und Konzepten, sondern auf konkreten Impulsen zur Gestaltungpastoraler und schulischer Praxis:

- praktisch-theologisch auf dem neuesten Stand,
- mit Informationen zu wichtigen neueren Fragestellungen,
- als Vergewisserung über bewährte »Basics«
- und mit einem deutlichen Akzent auf der Praxisorientierung.

Die einzelnen Bände sind von Fachleuten geschrieben, die praktisch-theologische Expertise mit gegenwärtiger Erfahrung von konkreter kirchlicher Praxis verbinden. Wir erhoffen uns von der Reihe einen hilfreichen Beitrag zu einem wirksamen Brückenschlag zwischen Theorie und Praxis kirchlicher Arbeit.

Dortmund/Göttingen — Hans-Martin Lübking und Bernd Schröder

Vorwort

Die *Musik* drückt das aus, was *nicht* gesagt werden kann
und worüber zu schweigen unmöglich ist.
(Victor Hugo, »William Shakespeare«, 1864)

Ich singe dir mit Herz und Mund, Herr, meines Herzens Lust;
ich sing und mach auf Erden kund, was mir von dir bewusst.
(Paul Gerhardt, EG 324)

Es ist eher ungewöhnlich, dass ein Buch mit dem Thema »Singen« in einer praktisch-theologischen Reihe, zumal mit dem Fokus auf der gemeindlichen Praxis, erscheint. Im Theologiestudium kommen Kirchenlied und Kirchenmusik allenfalls als mögliche Aspekte in einigen Teildisziplinen wie der Liturgik oder der Religionspädagogik vor. Im Kirchenmusikstudium sind wiederum theologische Fächer verpflichtend, haben dabei aber oft den Status weniger relevanter Nebenfächer.

Ich danke daher zuallererst Hans-Martin Lübking und Bernd Schröder, dass sie ein Buch zu diesem Thema in die Reihe »Praktische Theologie konkret« aufgenommen haben – zumal in einer Zeit, in der das gemeinschaftliche Singen auch im Raum der Kirchen stark eingeschränkt war oder sogar als Gesundheitsgefahr verboten wurde. Weiterhin sei den beiden Reihenherausgebern für die Anregungen vor der Drucklegung gedankt.

Den Anstoß zu diesem Buch verdanke ich den Studierenden meiner Lehrveranstaltungen an der Goethe-Universität und der Hochschule für Musik und Darstellende Kunst in Frankfurt sowie an der Kirchenmusikakademie Schlüchtern. Ihre herausfordernden theologischen und musikalischen Fragen haben mich dazu angeregt, das Thema Kirchenmusik und insbesondere das Singen noch einmal aus verschiedenen Perspektiven zu bedenken. Ich hoffe, dass das vorliegende Buch nun zurückwirkt und Impulse für den Unterricht bietet.

Grundlage für diesen Band ist aber nicht allein die theologische Reflexion einer bestimmten Praxis, sondern die kirchenmusikalische Praxis selbst. Ich danke daher allen, mit denen ich die Freude hatte, in den vergangenen drei Jahrzehnten zu singen und zu musizieren – in Gottesdiensten, in Chören, in verschiedenen Gruppen an unterschiedlichen Orten. Auch hier wünsche ich mir, dass das fertiggestellte Buch Impulse zurück in die kirchenmusikalische Praxis geben kann – für Pfarrerinnen, Kirchenmusiker, Diakone, Jugendmitarbeiterinnen und alle, die in der (gemeindlichen) Praxis singen und musizieren.[1]

Das Thema dieses Bandes ist interdisziplinär, vielschichtig und umfangreich, während der Seitenumfang dem Projekt enge Grenzen gesetzt hat. Die Lektüre der ausgewählten Titel im Literaturverzeichnis, auf die in den einzelnen Abschnitten verwiesen wird, sei daher noch einmal besonders empfohlen.

Mein besonderer Dank gilt Anja Conrad und Frieder Dehlinger, die jeweils eigene Abschnitte zu diesem Buch beigetragen haben: zur Entwicklung eines neuen Evangelischen Gesangbuchs (Kapitel 4.3) sowie zum Themenfeld Kirchenmusik und Seelsorge (Kapitel 5.4 und 6.7). Weiterhin danke ich herzlich Jakob Schneider für die Vorlage zum Buchcover.

Ich danke außerdem all denjenigen, die theologische, musikalische oder auch ganz praktische Anregungen für dieses Buch gegeben, Korrekturen angemahnt und kritische Rückmeldungen geäußert haben, besonders Dominic Blauth, Anja Conrad, Frieder Dehlinger, Sonja Karl, Lukas Link, Helena Malsy, Hannah Reichel, Michael Rydryck, Simone Schneider, Caroline Sosna und Charlotte Vitek.

Für ihre äußerst gründliche und kompetente Lektüre und die Unterstützung bei den Redaktionsarbeiten danke ich besonders herzlich Meike Drechsler und Antonia Maria Papenfuhs.

Schließlich gilt mein Dank Jana Harle und Carlotta Koch, die das Publikationsprojekt von Seiten des Verlags begleitet und zu einem guten Abschluss geführt haben.

Frankfurt/Schlüchtern, im Advent 2023 Michael Schneider

1 Ich verwende im Text in zufälliger Folge die männliche und weibliche Form. Im Sinne der gendersensiblen Sprache mögen sich bitte alle mitgemeint fühlen.

Einleitung

1

1.1 Singen und Hören

»Danke für die Musik.« Welche Assoziationen haben Sie beim Lesen dieses Satzes? In einem Buch, das Kirchenlied und Kirchenmusik aus evangelischer Perspektive in den Blick nimmt, würde man wohl eine Verknüpfung mit der folgenden Zeile aus dem Kirchenlied-Schlager von Martin Gotthard Schneider erwarten: »Danke für alles Frohe, Helle und für die Musik« (Evangelisches Gesangbuch [EG] 334,3). Vermutlich geht die Assoziation über den bloßen Text hinaus und Sie haben sofort auch Töne im Ohr oder auf den Lippen. Es könnten vokale oder instrumentale Töne von Einzelpersonen oder Gruppen, von Orgel, Klavier oder Bands sein. Töne eines Liedes, von dem es unterschiedliche Fassungen von mehr oder weniger klassischen Gemeindebegleitungen über die Coverversion der Band »Die Ärzte« bis hin zu vielfältigen Adaptionen und Parodien gibt.

Singen: Assoziationen

Oder Sie hören die englische Übersetzung des Satzes: »Thank you for the music.« Und vielleicht haben Sie Bilder der Band »ABBA« vor Augen – im Original der 1970er Jahre oder in der Avatar-Fassung 2021? Vielleicht kommt Ihnen gar die österreichische Musikgruppe »Die Mooskirchner« in den Sinn, auf deren Jubiläumsalbum »40 Jahre« sich ein Lied genau mit diesem Titel befindet? Jedenfalls steht dieses volkstümliche Lied an der Spitze bei Suchmaschinenabfragen zu »Danke für die Musik« und das entsprechende Video auf YouTube hat im Vergleich zur Ärzte-Version des Danke-Liedes immerhin mehr als doppelt so viele Aufrufe vorzuweisen.

Ich gestehe, dass ich bis zur Recherche für dieses Buch weder die Musikgruppe »Die Mooskirchner« kannte noch deren Musik und Songtexte. Daher zeigt schon dieses einfache Beispiel: Ob der Satz »Danke für die Musik« beim Hören und Lesen musikalische Assoziationen hervorruft und welche das sind, ist deshalb in hohem Maße abhängig von Hörerfahrungen und Hörgewohnheiten, von Milieus und jeweiliger Sozialisation. Musik, die für die einen mit Emotionen und Erinnerungen hoch

Hörerfahrungen und Hörgewohnheiten

aufgeladen ist, bringt bei anderen gar nichts zum Klingen. Und auch das Spektrum musikalischer Aktivität ist groß: vom aktiven Mitglied von Chören, Bands und Instrumentalgruppen bis zu den Menschen, denen Musik lediglich als allgemeines Grundrauschen in Supermärkten, in Warteschleifen am Telefon und in Fahrstühlen begegnet.

Gestaltung kirchlicher Praxis mit Musik

Die beiden aktivischen Formulierungen des Buchtitels – »Singen« und »Mit Musik Gottesdienst und Gemeindearbeit gestalten« – legen einen Schwerpunkt dieses Buchs fest: Im Blick sind verschiedene Aspekte einer aktiven Gestaltung kirchlicher Praxis mit Musik. Gleichzeitig setzt gerade das Singen ein aktives Hören, auf sich selbst und auf andere, in besonderer Weise voraus. Lauschen, Hören und Wahrnehmen als Phänomene der Resonanz sind daher ganz und gar nicht die passive Seite von Kirchenmusik und Kirchenlied, sondern gehören zur Konkretion unbedingt dazu.

1.2 Kirchenlied und Kirchenmusik

Die einleitenden Bemerkungen zum Singen und zur Musik gelten ganz allgemein, und damit auch für Kirchenlied und Kirchenmusik im engeren Sinne: Ob, wie und was gesungen wird, ist von kirchlichem Ort zu kirchlichem Ort, von Gemeinde zu Gemeinde, von Kasus zu Kasus, von Gruppe zu Gruppe, von Milieu zu Milieu mitunter höchst unterschiedlich. Diese Diversität führt immer dann zu grundlegenden Fragen, wenn es um Aspekte der Lied- und Musikauswahl geht: bei der musikalischen Gestaltung eines Gottesdienstes, bei der Erstellung verbindlicherer Liedempfehlungen wie der Sammlung von Wochenliedern und in ganz besonderem Maße bei der Erstellung von Gesangbüchern (wie seit einigen Jahren gerade wieder im Bereich der EKD-Gliedkirchen). Gibt es bei aller Ausdifferenzierung religiöser Praxis so etwas wie einen Kanon an »Kernliedern« (vgl. Kapitel 6.2), der als gemeinsam geteilter Kirchenliedschatz einer bestimmten Gruppe gepflegt wird? Oder ist die konkrete kirchenmusikalische Praxis so bunt und vielfältig, aber damit eben auch so disparat wie Gemeinden, Gruppen und einzelne Menschen nun einmal sind (vgl. Kapitel 4.1 und 8.2)?

Spezifika von Kirchenmusik

Ist das Spektrum von Musik im kirchlichen Kontext so breit, dass mit Recht gefragt werden kann, worin sich Kirchenmusik und Kirchenlied von Musik und Liedern im Allgemeinen unterscheiden? Gibt es Spezifika des Kirchenlieds und der Kirchenmusik? Und worin könnte dieses Spezifische liegen? Ist das Danke-Lied von Martin Gotthard Schneider ein Kirchenlied, weil hier explizit bestimmte religiöse Sprachformen und Begriffe verwendet werden, weil es mittlerweile in vielen Gesangbüchern steht oder gar, weil der Komponist und Dichter es als Kirchenlied angelegt hat? Formuliert der ABBA-Song demgegenüber nicht explizit religiös genug? Beschreibt er nicht, was uns unbedingt angeht – man denke nur an die Textzeile »Who can live without it?« Und wie ist das mit einem Liedtext, der explizit von der Boteneigenschaft von Engeln, die die Musik zu den Menschen gebracht haben, spricht – wie der Song der »Mooskirchner«? Ist die Bestimmung eines Lieds als Kirchenlied abhängig von einem bestimmten musikalischen Genre oder einer bestimmten Intentionalität? Muss ein Lied für den gottesdienstlichen oder kirchlichen Gebrauch bestimmt sein, um als Kirchenmusik wirken zu können? Verdankt sich unsere Bestimmung von Kirchenmusik letztlich einem ganz bestimmten Begriff von Kultur? Gehören zu dieser kirchenmusikalischen Kultur die Hochkultur von Heinrich Schütz bis Arvo Pärt genauso wie manche Bereiche der populären Kultur zwischen Popsong, Gospel und Neuem Geistlichen Lied (vgl. zu diesen Genres und ihrer Geschichte auch Kapitel 3) unhinterfragt dazu? Werden andere Genres, und damit auch bestimmte Milieus, wie volkstümliche Musik und Schlager genauso bewusst ausgeblendet? Stimmt damit also die Wahrnehmung, dass im Bereich der Kirchenmusik die Liste der erfolgreichsten Musikgenres der Gegenwart aus Radio und Streamingdiensten gerade auf den Kopf gestellt wird? Liegt die Konzentration in erster Linie auf anspruchsvoller klassischer Musik und dann auf popularmusikalischen Erweiterungen im Stil der 1960er bis 1980er Jahre? Und hat Kirchenmusik dementsprechend blinde Flecken bei gegenwärtigen Musikstilen sowie volkstümlicher Musik? Pflegen wir in Theologie und Kirche gar ein Gegenüber von (erwünschter) Kunst und (nicht erwünschtem) Kitsch (vgl. Nüchtern 2008; Reinke 2008)? Auf all diese Fragen versuchen insbesondere das Grundlagenkapitel 3 und das Update in Kapitel 4 dieses Buchs Antworten zu geben.

Kulturbegriff

Musikgenres

Aus praktisch-theologischer Sicht sind damit zwei grundsätzlich unterschiedliche Perspektiven benannt, die uns auch in Disziplinen wie der Religionspädagogik oder Liturgik begegnen: Nehmen Kirchenlied und Kirchenmusik ihren Ausgangspunkt in einer bestimmten alltäglichen Praxis der Gegenwart oder profilieren sie sich bewusst oder unbewusst als eine eigene oder sogar kontrastierende ästhetische Welt? Orientieren sich Singen und Musizieren in der kirchlichen Praxis an lebensweltlichen Höreindrücken oder wollen sie – mit einem gewissen didaktischen Anspruch – in eine andere Klangwelt einführen? Soll ich in der Konfirmandenarbeit populäre Musik einsetzen (und was ist das im Konkreten?) oder wirkt das bei den 13-Jährigen eher anbiedernd und bemüht? Versuche ich im Gottesdienst, schwerpunktmäßig »neue Lieder« zu singen oder sehe ich meine Aufgabe darin, Menschen die Welt traditioneller Kirchenlieder nahezubringen? Erfülle ich den Wunsch, bei Trauerfeiern ausschließlich auf Lieblingslieder der Verstorbenen zu hören oder verweise ich auf die seelsorgende Wirkung des gemeinsamen Singens von Kirchenliedern? Es ist offensichtlich, dass diese Fragen nicht auf ein ausschließendes Entweder-oder zielen. Es lohnt sich allerdings, sie überhaupt zu stellen und theologisch zu bedenken.

Der Buchtitel »Singen« benennt eine grundlegende Aktivität, die mit manchen Gemeindegruppen besonders verbunden ist, sich aber nicht auf einzelne Gruppen beschränkt. Der Untertitel weist darauf hin, dass mit »Kirchenmusik« weniger bestimmte Formen und Genres im Blick sind als eine bestimmte Praxis: Von Kirchenmusik soll in einer ersten Annäherung dann gesprochen werden, wenn im Raum der Kirche Musik erklingt, wenn mit Musik Gottesdienst und Gemeindearbeit gestaltet werden. Ähnliches gilt, wenn im Folgenden vom »Kirchenlied« die Rede ist: Einerseits ist damit eine bestimmte musikalische und liturgische Form mit über die Jahrhunderte gewachsener Stilvielfalt im Blick. Andererseits steht der Begriff »Kirchenlied« in einem weiten Sinn zugleich für alle Formen des Singens in der kirchlich-gemeindlichen Praxis. Und schließlich ist Kirchenmusik zwar wesentlicher Teil dieser innerkirchlichen Praxis, eröffnet aber wie kaum ein anderes Handlungsfeld Kontaktflächen zu Menschen, die dem Gottesdienst und klassischen Formen der Gemeindearbeit eher distanziert gegenüberstehen (vgl. Goldschmidt 2014).

Der Begriff »Kirchenlied«

Aus einer wissenschaftlichen Perspektive kommen damit Schnittfelder zwischen Musikgeschichte und Musikwissenschaft auf der einen Seite sowie Hymnologie, Liturgik und (Praktischer) Theologie auf der anderen Seite in den Blick (vgl. Kapitel 3 und 4).

1.3 Akteure in einem (nicht) selbstverständlichen Handlungsfeld

Noch einmal zurück zum Ausgangspunkt: »Danke für die Musik.« Dieser Satz begegnet uns nicht nur in Songtexten, sondern immer wieder auch in Gottesdiensten. Hier dankt die Pfarrerin dem Kirchenmusiker für seine Mitwirkung im Gottesdienst. Was als Dank der zumeist hauptberuflich tätigen Person gegenüber einer in den allermeisten Fällen nebenberuflichen oder ehrenamtlichen als Wertschätzung legitim, erwartet und erwünscht sein mag, wirft dennoch Fragen auf. Diese werden verstärkt, wenn in der Lokalzeitung, dem Gemeindebrief oder in der Danksagung für Kasualien zwar vom »Gottesdienst mit Pfarrer X« gesprochen wird, die Kirchenmusikerin aber im besten Fall als »Mitwirkende«, oft gar mit dem Begriff der »musikalischen Umrahmung«, vielleicht sogar der »musikalischen Untermalung« Erwähnung findet, oder schlicht gar nicht genannt wird. Diese Formulierungen spiegeln eine vermutlich zumeist unhinterfragte, aber doch klare Wahrnehmung wider: Im Zentrum des Gottesdienstes steht das predigende und liturgische Handeln der Pfarrperson. Die Musik und die in diesem Bereich tätigen Personen wirken mit, unterstützen, umrahmen. Vielfach werden noch nicht einmal handelnde Personen, sondern nur deren Instrumente wahrgenommen: »Die Orgel spielt (uns das jetzt mal vor)«. Oder: »Heute begleiten uns wieder die Posaunen.«

Wertschätzung

Das Potenzial für Kränkungen, Konflikte und für gescheiterte interprofessionelle Zusammenarbeit, das in dieser Wahrnehmung der unterschiedlichen Bedeutung der liturgisch handelnden Personen liegt, kann kaum überschätzt werden. Das gilt natürlich insbesondere dann, wenn ein Gottesdienst auf höchst professionelle Weise kirchenmusikalisch gestaltet wird und liturgisch vielleicht stärker von der Musik geprägt ist als vom gesprochenen Wort.

Interprofessionelle Zusammenarbeit

Die beschriebene Wahrnehmung der Akteure ist auch auf anderer Ebene problematisch: »Der Gottesdienst als Ganzer« wird mit der Pfarrperson verbunden, »die Kirchenmusik« mit dem Kirchenmusiker. Die Professionen scheinen schiedlich-friedlich getrennt. In einem solchen Nebeneinander kommt der Theologe aber ohne musikalische, die Kirchenmusikerin ohne theologische Kompetenz aus. Die Praxis sieht jedoch anders aus: Bei der Planung und Durchführung des (evangelischen) Gottesdienstes entscheidet im Regelfall der Pfarrer über die Liedauswahl und trifft damit wesentliche Entscheidungen, für die es musikalische, hymnologische und liturgische Kompetenz braucht. Ähnliches gilt für andere kirchliche Arbeitsfelder, in denen Musik eine Rolle spielt.

Betrachtet man Studien- und Ausbildungsordnungen in den Bereichen Theologie und Kirchenmusik, wird in weiten Teilen ein umgekehrtes Gefälle sichtbar: In allen kirchenmusikalischen Prüfungen, und seien es noch so grundlegende wie D-Prüfungen bzw. Eignungsnachweise, sind

Theologische, liturgische und hymnologische Kenntnisse

theologische, liturgische und hymnologische Kenntnisse verpflichtend. Im Studium der (evangelischen) Theologie sucht man oft schon vergeblich nach liturgischen Pflichtveranstaltungen, erst recht aber nach kirchenmusikalischen und hymnologischen. Dieses Defizit ist oft beschrieben worden und lässt sich durch einige Stunden während des Vikariats auch nicht mehr ausgleichen. Hinzu kommt, dass selbst dort, wo kirchenmusikalische Aspekte in der zweiten Ausbildungsphase eine Rolle spielen, der problematische Eindruck entsteht, diese seien ausschließlich im Bereich der praktischen Ausbildung anzusiedeln und bedürften nicht der liturgischen, hymnologischen, musikästhetischen, historischen und pastoraltheologischen Reflexion.

Kirchenmusik spielt in den meisten kirchlich-gemeindlichen Handlungsfeldern eine durchaus unterschiedliche, aber zumeist große Rolle. Pfarrerinnen, Diakone, Kirchenmusiker und weitere Mitarbeitende sind jedoch höchst unterschiedlich kirchenmusikalisch qualifiziert. Mehr noch: Es mangelt nicht selten an elementaren Kriterien und Bewusstsein für Qualität und Professionalität im Bereich Kirchenmusik. In der Alltagspraxis ist Kirchenmusik ein geradezu klassisches Feld für die inter- bzw. multiprofessionelle Zusammenarbeit: Mehr oder weniger musikalisch geschulte Pfarrer treffen auf Musikerinnen mit mehr oder weniger professioneller Ausbildung und viele weitere Personen, die musikalisch aktiv sind.

1.4 Praktische Theologie konkret: Singen, Kirchenlied, Kirchenmusik

Dieses Buch orientiert sich in unterschiedlicher Weise an kirchlicher und gemeindlicher Praxis und versucht Brückenschläge zu hymnologischen, liturgischen und theologischen Aspekten:

- Ausgangspunkt ist die *Praxis des Singens und Musizierens* mit je unterschiedlichen singenden und musizierenden *Akteuren* und deren Zusammenwirken.
- Singen und Musizieren konkretisieren sich im *Kirchenlied* und in verschiedenen Formen der *Kirchenmusik*, die in historischer, systematischer und praktischer Hinsicht zu differenzieren sind.
- Aus diesen Überlegungen ergeben sich wiederum *Anregungen für die kirchenmusikalische Praxis* in Gottesdienst und Gemeinde.

Die Bände der Reihe »Praktische Theologie konkret« nehmen zumeist Themen und Praxisfelder in den Blick, die bereits Gegenstand der verschiedenen Ausbildungsphasen für Theologiestudierende sind. Homiletik und Liturgik, Pastoraltheologie, Religions- und Gemeindepädagogik, Reflexion über Seelsorge und Kasualien nehmen im Studium einen mehr oder weniger großen, aber dennoch verbindlichen Platz ein. In diesen Themenbereichen kann man auf Grundlagen aus dem Studium verweisen und dann auf Herausforderungen in der konkreten Praxis zu sprechen kommen. Singen und Musizieren in der Praxis gehören genauso wie die Reflexion dieser Praxis in Hymnologie, Liturgik oder theologischer Kirchenmusikforschung nicht zum Pflichtgegenstand im Studium der (evangelischen) Theologie. Was für das Theologiestudium gilt, trifft in ähnlicher Weise auch für Studium und Ausbildung von Diakonen, Erzieherinnen und Mitarbeitenden in der Arbeit mit Jugendlichen zu. Auch diese Aspekte gehören zur Beschreibung der Situation der Kirchenmusik in der Gegenwart (Kapitel 2).

Kirchenmusik und Theologiestudium

Dem Update zu praktisch-theologischen Diskursen und kirchenmusikalischen Aufbrüchen (Kapitel 4) ist daher ein verhältnismäßig umfangreiches Grundlagenkapitel zum Kirchenlied (Kapitel 3) vorangestellt. Dabei sollen hymnologische, liturgische und theologische Aspekte miteinander verwoben werden. Im Blick auf Kirchenmusik in konkreten Handlungsfeldern (Gottesdienst, Kasualien und religiöse Bildung) werden »Essentials« herausgearbeitet (Kapitel 5). Schließlich werden auf dieser Basis dann Konkretionen zu den Praxisfeldern in den Blick genommen (Kapitel 6). Auf die Abschnitte »Goldene Regeln« und »Besondere Herausforderungen« folgt ein ausführlicher Anhang mit weiterführender Literatur.

2 Situation

2.1 Singen – eine Spurensuche

»Von den Anfängen an ist das Singen ein Kennzeichen der christlichen Gemeinden gewesen« (Albrecht 1995, 11). Mit diesem Selbstverständnis, das Christoph Albrecht in den 1970er Jahren im Eingangsteil seiner Einführung in die Hymnologie formulierte, sind über mehrere Jahrzehnte Kirchenmusikstudierende unterrichtet worden. Und sicherlich lassen sich, beginnend mit den biblischen Texten, über das Augustin zugeschriebene »Wer singt, betet doppelt« und Martin Luthers pointiertes »Singen und Sagen« bis in die Gegenwart, durchaus Argumente für diese These finden: Christliche Kirche ist von Anfang an, durch die Geschichte hindurch und in der Gegenwart immer noch eine singende und musizierende Gemeinschaft.

Schaut man etwas genauer hin, zeigt sich, dass die Vorstellung von Singen als typischer oder spezifischer kirchlicher Praxis nicht selbstverständlich und auch nicht selbsterklärend ist. Zunächst einmal setzt die Grundthese Albrechts eine nähere Bestimmung von Singen und Musik voraus. Geht man von einem sehr weiten Begriff aus, der jede klangliche Äußerung in der Unterscheidung von Laut und Stille, jede verständliche oder nicht verständliche Artikulation von Silben und jeden durch die Atmung erzeugten Rhythmus umfasst, dann sind Singen und Musizieren vielmehr anthropologische Konstanten. Wenn das aber so ist, ist man in Abwandlung des bekannten Satzes von Paul Watzlawick, man könne nicht nicht kommunizieren, versucht zu sagen: Der Mensch kann nicht nicht singen. Um das Singen dann aber zur besonderen Praxis im Christentum, zum Kennzeichen oder gar zum Unterscheidungsmerkmal zu anderen religiösen oder kulturellen Äußerungen zu erheben, braucht es weitere Spezifika. Haben Singen und Musizieren eine solche spezifische Funktion im Christentum? Lassen sich besondere, einzigartige christliche musikalische Formen benennen? Und sind diese musikalischen Formen im Christentum auch mit bestimmten Akteuren ver-

Der Mensch kann nicht nicht singen.

bunden? Dabei gilt es auch zu bedenken, dass es zumindest in der Gegenwart durchaus häufig vorkommt, dass Christenmenschen behaupten, sie könnten gar nicht singen.

Das Mittelhochdeutsche konnte semantisch noch kaum zwischen Singen und Sprechen unterscheiden. Singen bezeichnete zunächst einen bestimmten Vortragsstil, zumeist auch eine bestimmte Textsorte, eher im religiösen als im profanen Bereich. Nimmt man diese Etymologie ernst, dann wird man das Singen nicht *per se* als Unterscheidungsmerkmal für christliche Gemeinden sehen. Und zugleich bekommt die von Martin Luther geprägte Wendung »Singen und Sagen« (vgl. Kapitel 3.4) eine bestimmte Bedeutung: Es geht bei den zwei Begriffen offensichtlich gar nicht um zwei völlig unterschiedliche Äußerungsformen der menschlichen Stimme. Gerade dann, wenn es etwas Besonderes mitzuteilen und anzusagen gibt, könnte aber das Singen ein angemessener Modus des Sprechens sein (vgl. auch den Abschnitt »Singen« von Bernhard Leube in Fermor/Schroeter-Wittke 2005).

Singen in der Antike

Im Neuen Testament findet sich eine ganze Reihe von Texten, die in hymnischer Form produziert wurden und in gesungener Form rezipiert werden wollen (vgl. Kapitel 3.2 und 3.3). Andere Texte liefern zusätzliche Informationen über die antike Praxis des Singens und Musizierens in unterschiedlichen Kontexten. Sowohl die liturgischen Gesänge und Texte als auch die musikalischen Formen der neutestamentlichen Zeit sind nicht nur stark von alttestamentlichen Vorlagen beeinflusst. Das Singen der frühen christlichen Gemeinden wird vielmehr in weiten Teilen mit den jüdischen identisch gewesen sein. Ein häufig zitiertes Beispiel für solche gemeinsamen Grundlagen des jüdischen und christlichen Singens ist das Lied der Mirjam:

Mirjamlied

> Da nahm Mirjam, die Prophetin, Aarons Schwester, eine Pauke in ihre Hand, und alle Frauen folgten ihr nach mit Pauken im Reigen. Und Mirjam sang ihnen vor: Lasst uns dem HERRN singen, denn er ist hoch erhaben; Ross und Reiter hat er ins Meer gestürzt. (Exodus 15,21)

Die Praxis des Singens wird hier zunächst einmal als wenig spezifisch religiös beschrieben. Mirjam wird zwar mit dem besonderen Status einer Prophetin vorgestellt, ihre musikalische Tätigkeit folgt aber dem zeitgenössischen Mainstream: Eine Vorsängerin musiziert gemeinsam in und mit einer Gruppe. Damit dies möglich ist, ist ein gemeinsamer Grundrhythmus nötig – unterstützt und vorgegeben durch das verwendete

Schlaginstrument. Wichtig ist zudem der leibliche Aspekt: Singen bringt die Körper der Beteiligten in Bewegung. Im konkreten Beispiel wird aus der Bewegung der Einzelnen ein Tanz der Gemeinschaft. Auch an diesem Punkt unterscheidet sich die Musik der Mirjam nicht von der sonstigen Musik der Antike – schon das griechische Wort »choros« bedeutete zunächst einmal Tanz, während später der latinisierte Begriff »chorus« den Bewegungsaspekt mehr und mehr ausblendet. Der Text der wörtlichen Rede macht dann deutlich, dass es in diesem Lied der Mirjam nicht um beliebige lautmalerische Äußerungen, sondern um eine spezifische Verbindung von Text und Musik geht. Im Singen verbindet sich Musik mit einem Text, der auf den Lobpreis Gottes zielt. Der Anlass für den Gesang liegt im sehr Konkreten und kommt im Liedtext zur Sprache: Dieser Gott ist erhaben und hat konkret in den Alltag der Singenden eingegriffen.

Traditionsstrom

Wenn wir nun aus christlicher Perspektive das Lied der Mirjam als ein frühes Beispiel für eine Form des religiösen Singens betrachten, stellen wir uns damit selbst in einen Überlieferungs- und Traditionsstrom. Interessant ist dabei, dass dieser Strom ganz unterschiedliche Verzweigungen entwickelt hat und immer noch entwickelt: Über weite Strecken der Christentumsgeschichte war das Singen und Musizieren bestimmten Gruppen vorbehalten, während andere ausgeschlossen waren: Männer singen, Frauen nicht; Erwachsene musizieren, Kinder nicht; Gemeindemitglieder dürfen mitwirken, andere Personen nicht. Mit der Frage nach den musikalischen Akteuren war zudem lange Zeit die Position verbunden, dass sich geistliche Musik genau dadurch auszeichnet, dass sie von Geistlichen zur Aufführung gebracht wird. Hier schließt sich die Frage an, ob eine Unterscheidung zwischen geistlicher und weltlicher Musik, zwischen Kirchenmusik und Musik im Allgemeinen sinnvoll und möglich ist. Welche musikalischen Formen und welche Aufführungspraxis

Aufführungspraxis?

haben wir vor Augen, wenn wir vom Singen und Musizieren im kirchlichen Raum sprechen? Ist das Singen in der Kirche mit einer bestimmten körperlichen Erfahrung verbunden, Bewegung und Tanz üblich, rhythmisches Klatschen erwünscht? Spielen Instrumente in der geistlichen Musik bzw. im Gottesdienst überhaupt eine Rolle oder grenzt man sich gerade an diesem Punkt von weltlicher Musik ab? Gibt es so etwas wie typische Instrumente für Kirchenmusik und wiederum andere, die sich dafür gar nicht eignen? Ist Instrumentalmusik im kirchlichen Kontext weniger bedeutsam als Vokalmusik und von Solisten und Chören vorgetragene Vokalmusik weniger charakteristisch oder wichtig als gemeindliches Singen? Dient die Musik beim Singen lediglich als Medium für den Text? Geht es bei geistlicher Vokalmusik also vor allem um den Transport einer bestimmten Botschaft mit Hilfe der Musik?

Diese grundlegenden Fragen (vgl. einführend Arnold 2014; Schröer 1993 und Bubmann 2014b), auf die insbesondere Kapitel 3 für unterschiedliche Epochen ausführlich eingeht, wurden und werden je nach Perspektive unterschiedlich beantwortet. Die kirchliche Praxis des Singens steht, ganz anders als in Texten wie dem Mirjamlied niedergeschlagen, im Laufe der Kirchengeschichte zumeist im Gegensatz zur Spontaneität und zum unmittelbaren Ausdruck eines religiösen Gefühls. Wir haben es heute vielmehr mit dem kirchenmusikalischen Erbe vieler Jahrhunderte zu tun. Die Pluralität der kirchenmusikalischen Stile in der Gegenwart verdankt sich neben der konfessionellen, historischen und regionalen Diversität vor allem auch der über Jahrhunderte gewachsenen kirchenmusikalischen Tradition (vgl. den Überblick in Kapitel 3).

Kirchenmusikalisches Leben

Während das 16. und 17. Jahrhundert (vgl. Kapitel 3.4 und 3.6) die Form und Gestalt des evangelischen Kirchenliedes besonders geprägt haben, finden sich im 19. Jahrhundert viele Entwicklungen, die die Praxis des kirchlichen Singens bis heute beeinflussen. Gerade im evangelischen Bereich etabliert sich in dieser Zeit ein reiches kirchenmusikalisches Leben auch jenseits der großen Zentren und Kathedralen: Es entstehen Orgelneubauten in Dorfkirchen und Kirchenchöre werden in großer Zahl gegründet. Für diese Gruppen und Instrumente entsteht neue Musik, genauso aber wird ältere Kirchenmusik wiederentdeckt. Bekannt ist das Beispiel von Felix Mendelssohn-Bartholdy, der Johann Sebastian Bachs Matthäuspassion wieder aufführt. Auch die Suche nach einer angemessenen historischen oder historisch informierten Aufführungspraxis in der Musik, die Wiederentdeckung der Reformationszeit und ihrer Stile zu Beginn des 20. Jahrhunderts und die Suche nach dem Urtext in Bibel und Musikausgaben geben ein Zeugnis für diese Orientierung an der kirchenmusikalischen Tradition. Gleichzeitig entwickelt sich die Hymnologie als Wissenschaft vom Kirchenlied als dezidiert historische Disziplin, vergleichbar der historisch-kritischen Auslegung biblischer Texte.

Die Hinwendung zu Musik unterschiedlicher vergangener Epochen markiert auch einen wesentlichen Aspekt für die Konzeption von Gesangbüchern im 19. Jahrhundert: Ein solches Gesangbuch sollte nicht Werke eines Autors oder Komponisten, nicht nur Lieder aus einer bestimmten Region oder konfessionellen Prägung sammeln, sondern verschiedene Epochen, Stile und Prägungen zusammenführen. Das Singen im Kirchenchor und im Sonntagsgottesdienst, in der Schule und im Konfirmandenunterricht erforderte religions- und musikpädagogische Kompetenzen gleichermaßen – im 19. Jahrhundert oft genug und nicht zufällig in einer Person des Dorfschullehrers vereinigt.

Vielfältigkeit

Will man also vom Singen als Kennzeichen der christlichen Gemeinden sprechen, dann kann das nur in dieser Vielfältigkeit geschehen – zwischen spontaner, persönlicher Äußerung und Reproduktion eingeübter, geprägter Formen, zwischen zeitgenössischer und traditioneller Musik, zwischen hochkulturellen musikalischen Zentren und kirchenmusikalischer Bildung und Praxis in der Fläche.

2.2 Singen in der gegenwärtigen Praxis

Ist Singen auch in der Gegenwart eine typische Äußerung kirchlichen Lebens? Erkennt man christliche Gemeinden der Gegenwart daran, dass dort gesungen wird? Und wenn das stimmt, wo singen Christenmenschen, und wie? Empirische Studien der jüngeren Vergangenheit zeigen, dass viele Formen des Singens zunehmend an Bedeutung verlieren; umfangreiche Daten finden sich auf der Seite des Deutschen Musikinformationszentrums (www.miz.org; vgl. auch Bretschneider 2005; Danzeglocke u. a. 2011 und Kaiser 2017). Chöre sind vom Rückgang der Mitgliederzahlen wesentlich stärker betroffen als Instrumentalgruppen, und zwar sowohl im kirchlichen als auch im weltlichen Bereich. Eine ähnliche Entwicklung lässt sich mit Blick auf das Singen im Musikunterricht oder im familiären Kontext beschreiben. Schaut man genauer hin, zeigt sich allerdings ein ambivalentes Bild: Chorisches Singen als Projekt, Mitsingen im Popkonzert und sogar der Unterricht im solistischen Singen haben Konjunktur. An anderen Orten wird das Singen reduziert oder verstummt ganz – im klassischen, wöchentlich probenden Chor, der oftmals mit einem ganz bestimmten Repertoire einzelner Milieus, Berufsgruppen, Dörfer oder Stadtteile verbunden war. Eine ähnliche Ambivalenz findet man im kirchlichen Bereich: Auch hier kennt man Gottesdienste, Kasualien und andere Gelegenheiten, in denen der Gesang immer weniger eine Rolle spielt.

Chorisches Singen

Gleichzeitig wird mit dem Gottesdienst nach wie vor das Singen assoziiert. Die Kirche ist – neben der Sportarena – nahezu der einzige öffentliche Ort, an dem Singen regelmäßig erwartet und praktiziert wird. Dieser Befund verweist wiederum auf ein musik- und gemeindepädagogisches Desiderat: Wenn der Gottesdienst weiterhin als Ort des gemeinschaftlichen Singens vorgestellt wird, Singtechnik und Singpraxis im Alltag aber immer weniger eine Rolle spielen, stellt sich die nicht ganz einfache Frage, wo das (gottesdienstliche) Singen eingeübt werden kann (vgl. dazu Kapitel 6.2). Diese Frage wird umso dringlicher, wenn man sich Untersuchungen zum Gottesdienstbesuch anschaut: Die Anzahl der Personen, die wöchentlich regelmäßig an Gottesdiensten teilnimmt und sich so ein Repertoire an Kirchenliedern und liturgischen Gesängen allein schon durch das regelmäßige Singen erarbeitet, wird eher geringer als größer. Es gehört zum Wesen von Kasualien und Kasualgottesdiensten, dass hier unterschiedliche Gemeinden auf unterschiedliche Pfarrpersonen, Musiker und Liedrepertoires treffen. Die Einübung eines Liedrepertoires ist hier kaum vorstellbar.

Im Raum der Kirche wird aber auch jenseits des Gottesdienstes musiziert und gesungen. Und dieses Singen findet in höchst unterschiedlichen Kontexten und Formen statt: im Kindergarten, in Seniorengruppen, im Bereich der Kinder- und Jugendarbeit bis hin zur Einstudierung von großen Werken wie Musicals und Oratorien im gemeindlichen und kirchlichen Kontext (vgl. zur Praxis des Singens im Raum der Kirche auch Kapitel 4.1). Nach aktuellen Statistiken gibt es deutschlandweit aktuell etwa 800.000 Mitglieder in kirchlichen Instrumentalgruppen und Chören, allein im Bereich der evangelischen Landeskirchen und der katholischen Bistümer. Diese Zahlen erfassen keine Projektchöre, musikalischen Gemeindeveranstaltungen und feste Gruppen (Jugendgruppen, Seniorenkreise und andere Gemeindegruppen), in denen Musik ebenfalls regelmäßig stattfindet und mitunter eine große Rolle spielt. Darüber hinaus sind hier auch keine Chöre und Instrumentalgruppen in nichtkirchlicher Trägerschaft erfasst, auch wenn diese Gospels, religiöse Volkslieder und Popsongs, Choräle und Weihnachtslieder proben und zur Aufführung bringen. Kirchenkonzerte und musikalische Veranstaltungen in Kirchenräumen erreichen regelmäßig ein großes Publikum, ohne dass dabei ausschließlich Kirchenmusikerinnen und kirchliche Gruppen musizieren und singen. In den Landeskirchen und Bistümern arbeiten deutschlandweit über 30.000 Menschen als Kirchenmusikerinnen und Kirchenmusiker, etwa 10 % davon im Hauptberuf, die anderen 90 % ehrenamtlich und nebenberuflich.

Kirchliche Musikgruppen

Kirchenkonzerte

Während das regelmäßige gottesdienstliche Singen über viele Jahrhunderte eng an das geistliche Amt gebunden war, entwickelte sich in den letzten Jahrhunderten ein zunehmend ausdifferenziertes kirchenmusikalisches Berufsbild. Konzepte und Bestimmungen von Kirchenmusik hängen oft entscheidend mit dem Berufsbild des Kirchenmusikers zusammen:

Berufsbild Kirchenmusiker

- als Amt im Verkündigungsdienst,
- in der Differenzierung zwischen Kantoren und Organistinnen, Spezialisten für Orgel-, Bläser- oder Vokalmusik,
- als qualifizierte Nebentätigkeit des Volksschullehrers,
- im Haupt- oder Nebenberuf, als Ehrenamt mit unterschiedlichen Qualifikationen,
- in der Verbindung von klassischen und populären musikalischen Stilen.

Ausbildung und Studium im Bereich Kirchenmusik sind in dieser Form eine Besonderheit in Deutschland. Das Berufsbild des Kirchenmusikers in der heutigen Form entstand nach dem Ersten Weltkrieg: Während katholische Ausbildungsstätten schon im 19. Jahrhundert ein besonderes Augenmerk auf die geistliche Vokalmusik legten und sich damit auch gegenüber den Ausbildungsstätten in staatlicher Trägerschaft profilierten, gab es bis dahin keine evangelischen Musikhochschulen. Die Ausbildung zum Organisten war bis 1918 Teil der Ausbildung zum Volksschullehrer, an wenigen Musikhochschulen wurden Organisten auf künstlerisch hohem Niveau ausgebildet – Organist, Kantor und Landorganist waren unterschiedliche Ausbildungs- und Berufsfelder. Auch wenn heute die Studienstruktur von evangelischer und katholischer Kirchenmusik in weiten Teilen vergleichbar ist, spiegelt sich die unterschiedliche Geschichte noch in der Stellenstruktur wider. Kirchenmusik ist im katholischen Bereich stärker an den großen Kathedralkirchen konzentriert und bietet dort zumeist ein großes Spektrum an Chören und Vokalgruppen. In den evangelischen Kirchen war in den Jahrzehnten nach 1945 eine deutlich breitere Verteilung hauptberuflicher Stellen in der Fläche zu beobachten. Kirchenmusik bekommt damit stark gemeindepädagogische Aspekte und wird zum Kulturträger auch über die großen Zentren hinaus.

2.3 Herausforderungen für Singen und Kirchenmusik

Folgen der Pandemie

Von aktuellen gesellschaftlichen Herausforderungen zu sprechen, heißt in dieser Zeit, auch die Folgen der Coronapandemie in den Blick zu nehmen. Seit März 2020 wird allgemein von einem »Digitalisierungsschub« gesprochen, der auch weite Bereiche des kirchlichen Handelns erfasst hat. Besondere Aufmerksamkeit haben in diesem Zusammenhang die

Handlungsfelder Religionsunterricht und Gottesdienst erfahren (Schneider 2022; Schwier 2021). Das Verbot gemeinschaftlichen Singens und Musizierens an vielen Stellen beförderte die intensive Suche nach Alternativen im Digitalen. Dabei zeigten sich allerdings schnell verschiedene, kaum lösbare Probleme:

- Das Abspielen von zuvor aufgenommener Musik ist möglich, in den eingesetzten technischen Systemen (z. B. bei »ZOOM-Gottesdiensten«, deren Technik auf Sprache ausgelegt ist) jedoch oft von bescheidener Qualität.
- Gemeinsames Singen und Musizieren ist aufgrund der technisch bedingten Verzögerung weithin gar nicht möglich.
- Die Atmosphäre des gemeinschaftlichen Singens und Musizierens lässt sich im digitalen Raum kaum abbilden.
- Was für gottesdienstliches Singen gilt, gilt umso mehr für Musikgruppen und Chöre, deren Arbeit in der Pandemiezeit oft genug völlig zum Erliegen kam.

Durch die verstärkte Digitalisierung während der Zeit der Pandemie wurde somit eine ohnehin vorhandene Entwicklung verstärkt: Die individuelle Rezeption von Musik wird gefördert, gemeinschaftliches, leiblich erfahrbares Singen tritt eher zurück. Dabei wächst die Diskrepanz zwischen digital verfügbarem, hoch professionell eingespieltem Gesang einerseits und gegebenenfalls als defizitär empfundenen eigenen Singfähigkeiten andererseits. Die Folgen dieser Entwicklung für Chöre sind aktuell noch nicht in Gänze absehbar. Schon während der Pandemie haben einige Gruppen, insbesondere ältere und weniger professionelle bzw. technikaffine, ihre Arbeit eingestellt. Mit den kirchlichen Gruppen wandelt sich zugleich auch die Funktion der Kirche als Kulturträgerin in der Fläche (vgl. zu Herausforderungen durch den digitalen Wandel auch die Kapitel 2.3 und 4.2).

Neben dem digitalen Wandel ergeben sich aber auch weitere spezielle Herausforderungen für Singen und Kirchenmusik, die in einigen Kapiteln jeweils noch einmal bedacht werden:

Herausforderungen

- Professionalität, Multiprofessionalität und Interprofessionalität im Bereich der Kirchenmusik (Kapitel 4.2),
- Musik als Feld der religiösen bzw. kirchlichen Bildungsarbeit für verschiedene Zielgruppen und Milieus (Kapitel 5.3),
- Veränderungen der Musikkultur in Gottesdienst und Kasualien (Kapitel 5.1 und 5.2),
- Musik im Bereich der Seelsorge (Kapitel 5.4).

Konkrete Herausforderungen für Singen und Kirchenmusik in Gegenwart und Zukunft werden in mehreren Kapiteln aus unterschiedlicher Perspektive erläutert. Dazu gehören Aspekte der Auswahl von Musik für verschiedene Zielgruppen und Anlässe, Herausforderungen der Musikvermittlung sowie Funktionen von Singen und Musik in Gottesdienst und Gemeindearbeit.

Grundlagen 3

3.1 Situation, Atmosphäre, Funktion

»Dreimal Musik.« Ziemlich ratlos liest die Kirchenmusikerin die Bitte des Pfarrers, im nächsten Sonntagsgottesdienst eben genau dies zu liefern: »dreimal Musik«. Diese Szene inmitten der Coronapandemie offenbart einerseits eine gewisse Unsicherheit angesichts gerade geltender gesetzlicher Bestimmungen: Wer darf wie oft, wie lange und in welchem Abstand singen? Gleichzeitig wird hier aber auch eine grundsätzliche Unklarheit, auch über die Zeit der Pandemie hinaus, über die Funktion von Musik im Gottesdienst offensichtlich. Was soll gesungen werden? Was sind Parameter und Kriterien zur Beschreibung und Auswahl geeigneter Musik? Oft genug findet man eine ähnliche Unbestimmtheit sogar in durchaus elaborierten Gottesdienstentwürfen: Im Detail ausgearbeitete liturgische Bausteine zu Predigt, Gebet und Segen werden unterbrochen vom Hinweis, dass an der ein oder anderen Stelle nun »Musik« stehen könnte. Da weder die Gottesdienstwürfe noch die E-Mail des Pfarrers der Fantasie des Autors entsprungen sind, beginnt dieses Kapitel mit einigen grundlegenden Gedanken zur Auswahl von Musik im Gottesdienst.

Musikauswahl

Es ist ein Allgemeinplatz, der aber jeweils neu bedacht werden muss: Die im Gottesdienst Mitwirkenden sollten sich immer wieder über die jeweilige liturgische *Situation* bewusstwerden. Das beginnt mit äußeren Faktoren wie dem gottesdienstlichen Raum, seiner Gestaltung, inklusive der Temperatur- und Lichtverhältnisse, der Akustik, einschließlich der Frage nach Mikrofon und Audioanlage und den vorhandenen Instrumenten. Und natürlich wird die gottesdienstliche Situation ganz entscheidend durch die Größe und Zusammensetzung der zu erwartenden Gemeinde geprägt. Nun ist es in den meisten Gemeinden eher unüblich, dass Pfarrer und Kirchenmusikerinnen sich an einem Sonn- oder Feiertag auf nur eine gottesdienstliche Situation einzustellen haben. Die Wiederholung des vermeintlich gleichen Gottesdienstes an unterschiedlichen Orten ist an der

Liturgische Situation

Tagesordnung. Ein Bewusstsein für die Verschiedenheit der Situationen – trotz identischer Lesungs- und Predigttexte und Zeit im Kirchenjahr – sollte gerade in diesem Zusammenhang geschärft werden: Das Keyboard hier, die Orgel dort lassen nicht dieselben Instrumentalstücke zu. Gleiches gilt aber auch für die angemessene Begleitung von Gemeindeliedern. Das Lied, das hier bekannt ist und gerne gesungen wird, ist an anderem Ort, in einer anderen Situation unbekannt und klingt nicht (gut).

Atmosphäre

Eine grundlegende und zugleich anspruchsvolle Aufgabe ist die Antizipation der gottesdienstlichen *Atmosphäre.* Welche Atmosphäre ist in einer bestimmten Situation vorzufinden? Welche Stimmung soll durch den Gottesdienst hervorgerufen werden? Wie können die Akteure im Gottesdienst die Atmosphäre überhaupt beeinflussen? Welche Atmosphäre soll durch die Musik an welcher Stelle des Gottesdienstes erzeugt werden? Welcher Dramaturgie folgt die Atmosphäre eines Gottesdienstes?

Liturgische Funktion

Schließlich ist die jeweilige liturgische *Funktion* der Musik zu bedenken (vgl. ausführlicher Kapitel 5.1 sowie unter praktischen Gesichtspunkten in Kapitel 6.1). Gesang im Gottesdienst kann beispielsweise eine eröffnende und sammelnde Funktion (Eingangslied) haben. Er kann mit Texten korrespondieren und diese kommentieren (Wochenlied und Predigtlied). Kirchenlieder können aber auch selbst Funktionen anderer gottesdienstlicher Elemente übernehmen, etwa die Form von Gebet oder Predigt haben.

Situation, Atmosphäre und (liturgische) Funktion sind nicht nur grundlegende Aspekte für die Musikauswahl im Gottesdienst an Sonn- und Feiertagen. Auch in anderen gottesdienstlichen Formaten, namentlich bei Kasualien, genauso wie in anderen kirchlichen Handlungsfeldern sollte die Auswahl von Musik entsprechend reflektiert werden. Diese Reflexion setzt allerdings grundlegende Kenntnisse über Kirchenlieder der Gegenwart und der Vergangenheit voraus. Und sie geht von der Bereitschaft der ernsthaften Wahrnehmung anderer, mitunter fremder theologischer Perspektiven und Musikstile aus.

Dieses Kapitel blickt daher auf hymnologische, liturgische und theologische Aspekte ausgewählter Kirchenlieder und ordnet diese kirchenmusikalisch ein. Theologische und liturgische Aspekte der Musik im Allgemeinen und der Kirchenmusik im Besonderen werden in unterschiedlicher Spezialliteratur diskutiert (grundlegend etwa Fermor/Schroeter-Wittke 2005; Deeg/Plüss 2021, Abschnitte 10.5 und 11.2).

Überblicksliteratur

Ebenso finden sich verschiedene Darstellungen, die einen systematischen und historischen Überblick über Kirchenmusik und Kirchenlied bieten (z. B. Krummacher 2020; Bubmann/Klek 2012; Schilling/Bauer 2023). Diese unterschiedlichen Fragestellungen, die im Theologiestudium häufig nur eine randständige Rolle spielen, können in den folgenden Abschnitten nur sehr überblicksartig und exemplarisch entfaltet werden – auch deswegen lohnt ein Blick in die genannte Literatur. Die nächsten Seiten haben ihr wesentliches Ziel erreicht, wenn sie zu Entdeckungen einladen und Lust darauf machen, innerhalb und außerhalb von Gesangbüchern zu stöbern, zu lesen und vor allem zu singen.

In den folgenden Abschnitten wird wiederum deutlich werden, dass die Perspektive des Autors eine evangelische, mitunter lutherische, von landeskirchlichen Formen geprägte ist. Diese Perspektive bestimmt den Blick in die vorreformatorische Zeit, aber auch den auf andere konfessionelle Traditionen von der Reformationszeit bis zur Gegenwart. Und schließlich bestimmt die religiöse, konfessionelle und liturgische Situation besonders auch den Blick auf das Singen und Musizieren im kirchlichen Kontext.

Geschichte des Kirchenliedes

Schnell wird deutlich werden, dass die Geschichte des Kirchenliedes in besonderer Weise auch eine evangelische Gottesdienst- und Liturgiegeschichte ist. In dieser Geschichte zeigen sich musikalische Formen, entwickeln sich gottesdienstliche Strukturen, kommen unterschiedliche Frömmigkeitstraditionen zur Sprache, werden theologische Auseinandersetzungen fokussiert, verschiedene gottesdienstliche Orte und Formen in den Blick genommen. Zugleich bleibt das Singen im Raum der Kirchen aber nicht auf den sonntäglichen Gottesdienst beschränkt. Und schließlich bekommt der im Protestantismus nicht immer unproblematische Begriff der Tradition mit Blick auf das Kirchenlied eine besondere Relevanz: Lieder aus anderen, teilweise vergangenen Kontexten und Traditionen werden als religiöse Äußerung in der jeweiligen Gegenwart gesungen. Dabei klingen verschiedene Obertöne mit – aus der Entstehungszeit der Lieder, genauso wie aus verschiedenen Rezeptionskontexten, teilweise über Jahrhunderte hinweg.

3.2 »Singet dem Herrn ein neues Lied«: liturgisches Singen

Wenn biblische Texte vom Singen sprechen, dann geht es zumeist um Liturgie, Gottes-Dienst, im Wortsinn. Im Singen dient der Mensch Gott, im engeren Rahmen liturgischer Feiern, aber auch darüber hinaus (vgl. etwa das Lied der Mirjam, Kapitel 2.1). Und im Singen wird an Gottes

Dienst an den Menschen erinnert. Singen ist grundlegende menschliche Äußerung. Im Singen und im Gesang tritt der Mensch in Beziehung zu Gott, betet an, klagt, preist und dankt. In der umfangreichsten biblischen Sammlung liturgischer Gesänge, in den 150 Psalmen, zeigen sich differenzierte liturgische Formen: Psalmen Einzelner, Psalmen einer Gruppe, Psalmen im Wechsel verschiedener Personen und Gruppen. Diese Gesänge drücken in paradigmatischer Weise grundlegende menschliche Emotionen und Stimmungen aus *(expressive Funktion).* Indem sie gesungen werden, sind sie aber auch in der Lage, diese Emotionen und Stimmungen bei Einzelnen und in der Gruppe erst hervorzubringen *(impressive Funktion)* oder diese zu verändern *(transformative Funktion).*

Expressive Funktion

Impressive und transformative Funktion

Zugleich lassen schon die Bezeichnungen der Textsorten »Klagepsalm« und »Lobpsalm« offensichtlich werden, dass es dabei um mehr geht als den bloßen emotionalen und situativen Ausdruck eines Individuums. Die Psalmen sind in ihrer metrisch und poetisch gestalteten Form gerade nicht spontane Gefühlsregung. Der Psalmbeter, wie er in den biblischen Texten in Erscheinung tritt, verwendet keine Alltagssprache, sondern formale, liturgische Sprache. Diejenigen, die sich in diese Tradition des liturgischen Singens stellen, schließen ihre ganz persönlichen Stimmungen ebenfalls in diese gestalteten Worte ein. *Personale* und *soziale Funktion* des Singens stehen im Wechselverhältnis. Liturgisches Singen bedeutet so immer das Einschließen des Eigenen in eine gemeinschaftliche Handlung, und damit in eine Sprache und Form, die nicht nur meine eigene ist. Dadurch unterscheidet sich liturgisches Singen von spontanem Gotteslob oder ekstatischem Lobpreis.

Personale und soziale Funktion

Die Psalmen zeigen darüber hinaus, dass sich liturgisches Singen nicht in seinen expressiven, impressiven und transformativen Funktionen erschöpft. Singen ist vielmehr ein besonderes Kommunikationsgeschehen, in dem Trauer, Wut und Freude in Form von Klage und Lob vor Gott gebracht werden. Damit wird liturgisches Singen zu Bekenntnis und Gebet: Da ist ein Gott, der im Singen angerufen werden kann, dem man Klage vortragen kann, den man auch anklagen kann, vor den man Lob bringen kann, der zu loben ist.

Kommunikationsgeschehen

»Singet dem Herrn ein neues Lied, denn er tut Wunder.« In mehrfacher Hinsicht bietet Psalm 98,1 eine Grundform des liturgischen Singens. Auch hier begegnet das aus dem Mirjamlied bekannte Nacheinander von Lobgesang und Begründung bzw. Anlass für diesen Lobgesang. Die Erfahrung des Wunderhandelns Gottes gibt Anlass und Begründung für das kollektive Singen. Diese Aufforderung zum Loben, Singen und Preisen findet sich im Alten Testament verbreitet in der Kurzform »Hallelu-Ja(hwe)«, übersetzt »Lobt Gott« bzw. »Lasst uns Gott loben«. Subjekte des Singens sind in den alttestamentlichen Texten nicht nur die Menschen. Alle Wesen, die ganze Schöpfung (Ps 148, 3–5) und die Himmel (Ps 19,2) singen Gott zum Lob. Jesaja bekommt einen eindrücklichen Einblick in die himmlische Liturgie, sieht und hört die himmlischen Wesen, die singen: »Heilig, heilig, heilig ist der Herr Zebaoth, alle Lande sind seiner Ehre voll!« (Jes 6,3).

Das Wechselspiel zwischen weltlicher und himmlischer Liturgie wird nicht nur innerhalb der Bibel wieder aufgegriffen (z. B. Apk 4), sondern ist in der christlichen Abendmahlsliturgie bis in die Gegenwart präsent. Beim liturgischen Singen des Sanctus öffnet sich der Himmel und alle himmlischen und irdischen Wesen singen gemeinsam. Liturgisches Singen übersteigt das individuelle Singen somit in mehrfacher Hinsicht.

Resonanzraum

Die Texte des Neuen Testaments stellen sich in vielfältiger Weise in diesen Resonanzraum, berichten von der Praxis des Singens und fordern dazu auf, z. B. im Epheserbrief:

> Ermuntert einander mit Psalmen und Lobgesängen und geistlichen Liedern, singt und spielt dem Herrn in eurem Herzen und sagt Dank Gott, dem Vater, allezeit für alles, im Namen unseres Herrn Jesus Christus. (Eph 5,19–20)

Nicht zufällig ist hier vom Herzen als Bild für den ganzen Menschen und als Ort für die Kommunikation zwischen Mensch und Gott die Rede. Es ist ein besonderes Kennzeichen liturgischen Singens, dass im Herzen und aus vollem Herzen kommuniziert wird. Spuren dieses Singens finden sich in beiden Teilen der Bibel und offensichtlich auch in den folgenden Jahrhunderten. Bekannt ist der Bericht von Plinius dem Jüngeren, der für Kaiser Trajan den Kult der neuen Gruppierung der Christen beobachtet. Er beschreibt sie als »harmlose Leute«, die sich in ihren Ortschaften an einem bestimmten Tag vor Tagesanbruch treffen, um »Christus als Gott in Wechselgesängen ein Lied darzubringen« (Ausschnitte aus Plinius 1995).

Individuum, Gemeinschaft, Welt und Gott

Liturgisches Singen ist so seit der Zeit der frühen Christengemeinden beziehungsstiftender Wechselgesang in jüdischer Tradition: Beziehung zwischen Individuum, Gemeinschaft, Welt und Gott.

Zum Aufbau und zur Aufrechterhaltung dieser Beziehungen entstehen in frühester christlicher Zeit liturgische Gesänge, die über Jahrhunderte als fester Bestandteil jeder gottesdienstlichen Feier (Ordinarium) wiederholt wurden. Unter den im Evangelischen Gesangbuch (EG) aufgenommenen liturgischen Gesängen reichen einige bis in die Zeit der Alten Kirche zurück (z.B. das *Te Deum,* EG 191). Auch die später erarbeiteten Fassungen dieser Gesänge (z.B. die Kyrie-Gesänge, EG 178.1–8) beziehen sich auf altkirchliche Text- und Melodievorlagen. Verschiedene liturgische Bewegungen im 20. Jahrhundert haben die besondere Verbindung mit dem liturgischen Singen der frühen Christen auch für die evangelischen Kirchen wieder neu ins Bewusstsein gerückt. Im liturgischen Singen zeigen sich Grundvollzüge des christlichen Gottesdienstes: Frage und Antwort, Aktion und Reaktion, Klingen und Hören. Liturgisches Singen ist Kommunikationsgeschehen und ermöglicht Resonanzerfahrung.

3.3 »Verleih uns Frieden gnädiglich«: hymnisches Singen

Die Psalmen, die im jüdischen Gottesdienst gesungen wurden und bis in die Gegenwart gesungen werden, sind auch selbstverständlicher Teil christlicher Gottesdienste seit ihren Anfängen. Dabei begegnen uns schon in früher Zeit textliche Ergänzungen in *Antiphonen:* ergänzende Texte, die den Psalm rahmen und christlich interpretieren. Das Neue Testament bringt aber auch eigene hymnische Texte hervor, die das Leben, Sterben und Auferstehen Jesu Christi besingen *(Christushymnen),* wie etwa im Prolog des Johannesevangeliums (Joh 1,1–18), im Philipperbrief (Phil 2,6–11) oder Kolosserbrief (Kol 1,15–20). Drei weitere Lieder *(Cantica)* sind im Lukasevangelium als Gesänge von Einzelpersonen überliefert:

- der Lobgesang der Maria (*Magnificat;* Lk 1,46–55),
- der Lobgesang des Zacharias (*Benedictus;* Lk 1,68–79),
- der Lobgesang des Simeon (*Nunc dimittis;* Lk 2,29–32).

Diese Lieder aus dem Lukasevangelium wurden offensichtlich bald in christlichen Gemeinden gesungen und bekamen einen festen Ort im Stundengebet. Aus dem biblisch bezeugten Gesang der Einzelnen wird ein betendes Singen der christlichen Gemeinde.

Etablierung fester Formen

Mit der Anerkennung des Christentums und seiner Ausbreitung im Römischen Reich des 4. Jahrhunderts etablieren sich mehr und mehr feste Formen im Gottesdienst. Neben die gesungenen Texte des Alten und Neuen

Testaments treten Stück für Stück auch andere Texte. Eine besondere Form findet die freie Dichtung im altkirchlichen *Hymnus.* Dessen Text ist in immer gleich aufgebaute Strophen gegliedert: vier Zeilen mit acht Silben. Der Anspruch ist dabei, in einer Zeile, zugleich in einem Atemzug auch einen Sinnzusammenhang vorzutragen. Neben spezifischen Funktionen im Gottesdienst bekommt der Hymnus eine besondere Bedeutung in der Ausgestaltung von Tagzeiten und Festzeiten des sich ausprägenden Kirchenjahres. Häufig schließt der Hymnus mit einer Doxologie, dem Lobpreis Gottes, die zugleich seine liturgische Funktion insgesamt beschreibt: Hymnisches Singen ist lobpreisendes, doxologisches Singen. In der Zeit der großen Konzilien im 4. Jahrhundert etabliert sich die Form der trinitarischen Doxologie, so dass Lobpreis und Bekenntnis eine Einheit bilden – beispielhaft schon bei der lateinischen Vorlage zu *Nun komm, der Heiden Heiland* (EG 23), in der Jesus Christus als Herr *(dominus),* Gott als Vater *(pater)* und der Heilige Geist *(sanctus spiritus)* angesprochen werden:

Der Hymnus

Gloria tibi, Domine,
Qui natus es de virgine,
Cum Patre et Sancto Spiritu,
In sempiterna saecula.

Der Hymnus entsteht im 4. Jahrhundert und prägt mit seiner strengen Form und seinem Stil den Gesang in den westlichen und östlichen Kirchen über viele Jahrhunderte. Und auch in den Kirchen der Reformation werden weiterhin Hymnen gesungen: Thomas Müntzer überträgt etwa den Hymnus *Conditor alme siderum* ins Deutsche: *Gott, heiliger Schöpfer aller Stern* (EG 3), und Martin Luther greift verschiedene altkirchliche Hymnen wie *Veni redemptor gentium* (EG 4: *Nun komm, der Heiden Heiland*), *Veni creator spiritus* (EG 126: *Komm, Gott Schöpfer, Heiliger Geist*) oder *Da pacem Domine* (EG 421: *Verleih uns Frieden gnädiglich*) auf. Es erfolgen meist nur leichte Anpassungen an musikalische Formen der Zeit, etwa die Form der Notation. Und auch der deutsche Text ist häufig eine Übertragung aus dem Lateinischen, die die thematische und liturgische Einordung beibehält.

Hymnisches Singen ist zunächst für die ganze versammelte Gemeinde vorgesehen, wird aber bald zur typischen Form des in den Klöstern praktizierten Singens. Bis in die Gegenwart wird die Musik, die später mit dem Begriff »Gregorianik« oder »Gregorianischer Choral« bezeichnet wird, typischerweise mit klösterlichem Gesang assoziiert. Die begriff-

Gregorianik

liche Zuordnung zu Gregor I., Papst im 6. Jahrhundert, der weder als Dichter noch Komponist in Erscheinung getreten ist, lässt sich seit dem 9. Jahrhundert feststellen. Mit der Benennung einer bestimmten musikalischen Form und einer Praxis des Singens nach diesem Papst wird dessen große Bedeutung für die Etablierung bestimmter liturgischer Formen betont. Gleichzeitig wird aber auch das Gegenüber von weltlicher Musik auf der einen Seite und geistlicher Musik auf der anderen Seite umso deutlicher hervorgehoben: Hymnus, gregorianischer Choral und geistliches Singen insgesamt sind durch Einstimmigkeit, unbegleiteten Gesang, enge Orientierung am Text und durch Einschränkung der Akteure auf Männer bzw. den Klerus gekennzeichnet. Hymnisches Singen grenzt sich somit formal wie inhaltlich vom weltlichen Singen ab.

Geistliches Singen

Musikalisch steht der gregorianische Gesang eher in der Tradition der Musik des Synagogengottesdienstes: Im Mittelpunkt steht der Text, der in musikalischer Form zur Sprache gebracht wird. Neben den freien Dichtungen im Hymnus hat nach wie vor der Gesang von Psalmen eine besondere Bedeutung. Hierfür entwickeln sich feste Modelle *(Psalmtöne)*. Auch die große Bedeutung der lateinischen Sprache für die Kirche innerhalb der bewohnten Welt (wörtlich: Ökumene) und die weite Verbreitung der klösterlichen Kultur ziehen eine Konzentration des Singens auf den Klerus nach sich. Während mit dem *chorus* zunächst die ganze singende Gemeinde bezeichnet wurde, singen im Mittelalter nun in weiten Teilen nur noch die Chöre von Geistlichen. Die räumliche Abtrennung des Chores in mittelalterlichen Kirchen gibt Zeugnis von dieser Entwicklung: Der *chorus* steht dem Kirchenschiff gegenüber, abgetrennt durch eine Chorschranke, erhöht und zumeist nur über Stufen erreichbar. Geistliche Gesänge unterscheiden sich durch ihre musikalische Form von weltlichen, definieren sich aber besonders über die Akteure: Es singen Mönche, Nonnen und Priester. Dabei sind die byzantinische Äbtissin Kassia und die Hildegard von Bingen prominente Beispiele für Frauen, die nicht als Musizierende, sondern auch als Komponistinnen in Erscheinung traten.

Chor und *chorus*

Die Frage, welche musikalischen Formen dem Gottesdienst angemessen sind, wird in den folgenden Jahrhunderten immer wieder thematisiert. Die Grundfrage, die in bestimmten Traditionen lange positiv beantwortet wurde, ist dabei diejenige, ob Kirchenmusik ein eigenständiges Musikgenre ist, das bestimmte Formen prägt, durch bestimmte Akteure aufgeführt wird und bestimmten Räumen vorbehalten ist. Aus dem Mittelalter sind verschiedene Bestrebungen überliefert, die strengen Formen von Hymnen und Psalmtönen zu erweitern. So wird die lange übliche Vertonung jeder einzelnen Silbe (syllabisch) in liturgischen Gesängen durch Verzierungen *(Melismen)* aufgebrochen. In einem nächsten Schritt werden die Melismen dann mit weiteren Texten belegt, so z. B. *Kyrie, Gott Vater in Ewigkeit* (EG 178.4).

Singen in der Volkssprache

Schon vor der Reformation gab es verschiedene Bestrebungen, neben lateinischen Gesängen auch solche in der Volkssprache für den liturgischen Gebrauch zu etablieren – zunächst eher außerhalb der sonntäglichen Messe (z. B. bei Wallfahrten), dann aber auch in den regulären Gottesdiensten. So entstehen ab dem 12. Jahrhundert so genannte Leisen (Strophenlieder mit abschließendem *Kyrie eleison,* wie etwa EG 124: *Nun bitten wir den Heiligen Geist*), lateinisch-deutsche Dichtungen (EG 35: *Nun singen und seid froh / In dulci jubilo*) und Lieder der Mystik und Marienfrömmigkeit (EG 8: *Es kommt ein Schiff geladen*).

In der Entwicklung des (altkirchlichen) Hymnus' vollzieht sich einerseits die Suche nach musikalischen Formen für den liturgischen Gebrauch. Andererseits verweisen die Hymnen im engeren Sinn auf alle hymnischen Formen, deren Funktion in der Doxologie liegt – im liturgischen Lobpreis Gottes, und damit in einem »notwendigen Grundvollzug christlicher Existenz und des Gottesdienstes« in allen konfessionellen Prägungen (Bubmann 2017, 13). Diese hymnische Funktion findet sich bei Weitem nicht nur im Hymnus selbst, sondern in so unterschiedlichen Formen wie im Strophenlied des 18./19. Jahrhunderts (EG 331: *Großer Gott wir loben dich*) oder in den »Praise-Songs« des späten 20. Jahrhunderts.

Performative Dimension

Hymnisches Singen hat einen performativen Charakter: Indem hymnisch gesungen wird, entsteht liturgische Realität, werden Räume eröffnet. Im bereits zitierten Sanctus aus Jesaja 6 stimmt die Gemeinde in das Gotteslob der himmlischen Wesen ein und wird zugleich Teil dieser himmlischen Welt. Hymnisches Singen stiftet Identität und Gemeinschaft – mit allen positiven wie negativen Auswirkungen im Bereich von Religion, aber auch in Politik und Freizeit (vgl. ausführlicher Bubmann 2017).

3.4 »Nun freut euch lieben Christen g'mein«: Singen und Sagen

Während hymnisches Singen auch einen Ort außerhalb der christlichen Liturgie hat, bekommen bestimmte Formen des Singens in bestimmten Phasen der Christentumsgeschichte eine besondere Rolle. Die Reforma-

Gemeindegesang

tion gilt als singende Bewegung, die den volkssprachlichen Gemeindegesang gefördert und über ihre Lieder die reformatorische Lehre verbreitet hat – zusammengefasst in der Formel vom *Singen und Sagen* (EG 24,1). Wie in Kapitel 2.1 ausgeführt, ist damit zunächst einmal betont, dass Singen allgemein als besonders pointierte Form der Rede, des Sagens, galt. An diesem Punkt unterscheidet sich die geistliche Musik der Reformation kaum von ihren Vorläuferinnen: Im Mittelpunkt der Kirchenmusik und des Kirchenlieds steht das Wort, der Text, dem mit Hilfe musikalischer Mittel besonderer Nachdruck verliehen werden soll. Die besondere Rolle der Musik bei Martin Luther erklärt sich, wenn man der Formel vom Singen und Sagen ein weiteres Begriffspaar zur Seite stellt: Protest und Predigt. Luther protestiert gegen die Tatsache, dass »allein der Chor der Pfaffen und Schüler singt und antwortet, wenn der Bischof das Brot segnet oder Messe hält« (*Formula missae et communionis,* 1523).

Es ist interessant zu sehen, dass Luther in seinen programmatischen liturgischen Schriften – neben der *»Formula Missae«* auch die *»Deutsche Messe«* (1526) – nur wenige konkrete musikalische Neuschöpfungen präsentiert (vgl. Klek 2012a). Und in Bezug auf ihren musikalischen Stil sind die dort vorgeschlagenen Lieder (z. B. das Credo EG 183) gerade nicht dem Volk des 16. Jahrhunderts »auf's Maul geschaut.« Luther hat mit seinen Liedern auch nicht in erster Linie die Erneuerung des liturgischen Singens im Blick. Der Anstoß für seine Lieddichtung liegt vielmehr außerhalb des Gottesdienstes: Als Reaktion auf die Verbrennung zweier Augustinermönche im Jahr 1523 schreibt er die Protestballade »Ein neues Lied wir heben an«. Darin wird das Schicksal der Mönche besungen und heilsgeschichtlich ausgedeutet. Nicht zufällig sind auch weitere bekannte Lieder Luthers wie *Verleih uns Frieden gnädiglich* (EG 421) oder *Ein feste Burg ist unser Gott* (EG 362) eng auf gesellschaftliche und politische Missstände und Realitäten bezogen.

Martin Luthers Liedschaffen

Luthers zweites Lied (EG 341: *Nun freut euch, lieben Christen g'mein*) knüpft inhaltlich wie stilistisch an sein erstes an. Und auch seine weiteren Lieder, von denen die allermeisten in den Jahren 1523 und 1524 entstehen, sind kaum vom Klang eines Orchesters oder gar einer Orgel inspiriert. Luther, der selbst Laute spielt, knüpft auch in der Musiksprache seiner Lieder eher an Balladen und damit die »Protest-Songs« seiner Zeit an. Das orgelbegleitete Lutherlied entspricht ganz sicher keiner historischen Aufführungspraxis, auch wenn diese Form des Singens seit Jahrzehnten und Jahrhunderten üblich geworden ist. Luthers Lieder nutzten gerade die weltliche Musiksprache und die Medien seiner Zeit. Sie sind in besonderer Weise »Propagandalieder«, die über das neue Massenmedium des Flugblatts verteilt wurden. Luthers Liedschaffen beginnt erst später als die Veröffentlichung wichtiger theologischer Werke. Die Thesen waren 1517 veröffentlich worden, wichtige theologische Schriften Anfang der 1520er Jahre. Dass das reformatorische Gedankengut nicht nur von Theologen und Politikern wahrgenommen und diskutiert wurde, hängt zum großen Teil an Martin Luthers Wirken als Liedermacher.

Luthers Lieder lassen sich am ehesten als gesungene Predigt, Auslegung, Ausdeutung und theologische Programmmusik verstehen. Das gilt auch für seine Psalmlieder (vgl. Kapitel 3.5), in besonderer Weise aber für die Katechismuslieder zu den Zehn Geboten (EG 231: *Dies sind die Heil'gen Zehn Gebot*) und zum Vaterunser (EG 344: *Vater unser im Himmelreich*). Beide Lieder sind gerade keine liturgischen Gesänge, die eine Lesung der Gebote oder das Beten des Vaterunsers ersetzen könnten. Sie verstehen sich vielmehr als homiletische und katechetische Auseinandersetzung mit diesen Texten.

Katechismuslieder

Besondere Bedeutung haben Luthers Lieder zu liturgischen Festzeiten, in denen er biblische Texte theologisch für die liturgische Situation ausdeutet:

- Advent (EG 4: *Nun komm der Heiden Heiland*)
- Weihnachten (EG 23: *Gelobet seist du, Jesu Christ*)
- Ostern (EG 101: *Christ lag in Todesbanden*)
- Pfingsten (EG 124: *Nun bitten wir den Heiligen Geist*)
- Trinitatis (EG 138: *Gott der Vater steh uns bei*)

Dabei bearbeitet Martin Luther immer wieder vorhandene Hymnen und gibt ihnen einen deutschen Text, etwa bei *Komm, Gott Schöpfer, Heiliger Geist* (EG 126 nach dem Hymnus *Veni creator spiritus*) oder bei *Der du bist drei in Einigkeit* (EG 470, nach dem Hymnus *O lux beata trinitas*). Den österlichen Hymnus *Christ ist erstanden* (EG 99) greift er mit seinem Osterlied *Christ lag in Todesbanden* (EG 101) im typischen Lutherstil auf: Ostern und Karfreitag, Leben und Tod werden aufeinander bezogen und theologisch interpretiert.

Deutschsprachige Kirchenlieddichtung

Luther hatte seine Forderung nach deutschsprachiger Kirchenlieddichtung, formuliert in der *Formula missae,* durch seine eigenen Lieder eingelöst. In den 1520er bis 1540er Jahren entstehen aber auch im Umfeld Luthers viele weitere Lieder, die bis in die Gegenwart in Gesangbüchern vorkommen. Besonders bekannt sind die folgenden Dichter:

- Johann Agricola (EG 343: *Ich ruf zu dir, Herr Jesu Christ*)
- Erasmus Alber (EG 6: *Ihr lieben Christen, freut euch nun*)
- Nikolaus Decius (EG 179: *Allein Gott in der Höh sei Ehr*)
- Nikolaus Herman (EG 27: *Lobt Gott, ihr Christen alle gleich*)
- Johann Walter (EG 148: *Herzlich tut mich erfreuen*)
- Johannes Zwick (EG 440: *All Morgen ist ganz frisch und neu*)

Besondere Bedeutung für die Etablierung des evangelischen Kirchenliedes kommt den Böhmischen Brüdern zu. Namentlich taucht unter den Liederdichtern auch deren Pfarrer Michael Weiße (EG 103: *Gelobt sei Gott im höchsten Thron*) auf, der 1531 ein deutschsprachiges Gesangbuch der Böhmischen Brüder herausgibt. Dies reiht sich in die Folge der ersten Gesangbücher in Volkssprache, wie etwa das Achtliederbuch (1524), das Klugsche Gesangbuch (1529) oder das Bapstsche Gesangbuch (1545), ein. In Liedersammlungen finden sich auch immer wieder Kontrafakturen, geistliche Textierungen weltlicher Lieder, etwa Luthers Lied *Vom Himmel hoch* (EG 24) oder das Lied *O Welt, ich muss dich lassen* (EG 521, nach dem Abschiedslied *Innsbruck, ich muss dich lassen*).

Liedersammlungen und Gesangbücher

Die Kirchenlieder der Reformationszeit, insbesondere diejenigen lutherischer Prägung, lassen einen Aspekt besonders deutlich werden: Singen wird als Sagen, als Zeitansage, als Ausdruck von Protest, als Predigt, als Ausdeutung der Heilsgeschichte, als Bibelauslegung und genuiner Teil der theologischen Verkündigung verstanden. Zu den in den vorherigen Kapiteln benannten hymnischen und liturgischen Dimensionen des Singens tritt eine dritte hinzu: die auslegende, katechetische und bildende (vgl. zu Luthers Kirchenlieddichtung Geck 2017; Heidrich/Schilling 2017; Krummacher 2020, § 9). Diese Funktion von deutschsprachigen Liedern spiegelt sich auch in Artikel 24 der *Confessio Augustana* wider. Dort wird festgehalten, dass die Messe nicht nur weiterhin gefeiert werde solle. Dies solle auch mit entsprechendem Ernst und Andacht geschehen, und zwar unter der Verwendung der bisherigen liturgischen Gesänge. Einige lateinische Gesänge seien deswegen in deutsche Textformen übertragen worden, »um das einfache Volk damit zu belehren und einzugewöhnen, zumal alle liturgischen Zeremonien in erster Linie dazu bestimmt sind, dass das einfache Volk daran lernt, was es von Christus wissen muss.«

Gleichwohl bleibt auch diese Funktion des Singens nicht auf Lieder der Reformationszeit beschränkt. Exemplarisch seien an dieser Stelle nur Lieder der Aufklärungszeit und viele Lieder seit den 1960er Jahren genannt, die in besonderer Weise ansagen möchten, was man angesichts philosophischer, gesellschaftlicher und politischer Veränderungen »von Christus und der Welt wissen muss«.

3.5 »Nun saget Dank und lobt den Herren«: Singen und Beten

Es ist auffällig, dass »sehr viele Choräle zwar grammatisch und vom Sprechakt her Gebete sind, aber vom Handlungsvollzug her nicht als solche empfunden werden« (Meyer-Blanck 2019, 85). Die Antike unterscheidet daher auch, bevor sich im 5. Jahrhundert ein spezifischer christlicher Gebrauch etabliert, sprachlich kaum zwischen Hymnus und (gesungenem) Gebet. Martin Luther bearbeitet das Glaubensbekenntnis (EG 183: *Wir glauben all an einen Gott*) so, dass es als Gebet der Gemeinde gesungen werden kann. Und auch hierbei ist die katechetische Funktion unübersehbar: Die Strophen klingen wie die Erklärungen zu anderen grundlegenden Texten des christlichen Glaubens in Luthers Katechismen.

Enger in der Form des Gebets bleibt Luther bei seinen Psalmliedern, wie etwa:
- *Aus tiefer Not schrei ich zu dir* (EG 299 nach Psalm 130)
- *Ach Gott vom Himmel sieh darein* (EG 273 nach Psalm 12)
- *Es wolle Gott uns gnädig sein* (EG 280 nach Psalm 67)

Psalmlieder

Die Lieder sind als Psalmgebet singbar, und schließen auch formal mit einer doxologischen, teilweise trinitarischen Strophe als üblicher Antwort der Gemeinde auf den Introitus-Psalm. Die Musik (etwa das durch die fallende Quinte zu Beginn von EG 299 ausgedrückte Rufen aus der Tiefe) und der Text (etwa durch den Gebrauch der 1. Person) zeichnen die Psalmlieder zwar primär als Gebete aus. Trotzdem finden sich auch hier typische Elemente des predigenden Lutherlieds. Zentrale Gedanken der lutherischen Theologie wie die Sünde in der Welt, die falsche Lehre oder die gnädige Zuwendung Gottes werden auch hier entfaltet und zugleich als christliche Deutung in die Psalmgebete eingewebt.

Die reformierte Tradition stand der Musik im Gottesdienst zunächst deutlich skeptischer gegenüber. Zwingli lehnte den Gemeindegesang gänzlich ab, Calvin lässt das Singen biblischer Texte, insbesondere von Psalmen im Gottesdienst, zu. In seiner Schrift *La forme des prières et chants ecclesiastiques* erläutert er, dass beim gottesdienstlichen Singen der Psalmen Gott der Gemeinde die Worte selbst in den Mund legt. So

Psalmen in reformierter Tradition

verstandene Psalmgesänge sind für ihn Anreiz zum Nachdenken über Gottes Schöpfung und Preisung derselben gleichermaßen. Die Fokussierung auf das Singen von biblischen Texten, insbesondere Psalmen, ist der unbedingten Konzentration auf das göttliche Wort geschuldet. Clément Marot und Theodor Beza stellten gereimte Fassungen des Psalters her (vollendet 1551). Diese wurden dann mit Melodien von Guillaume Franc und anderen sowie mit vierstimmigen Sätzen von Claude Goudimel versehen. Ein gutes Jahrzehnt später (1565) erfolgt die Übertragung des *Genfer Psalters* (vgl. dazu und grundlegend zum reformierten Kirchenliedverständnis Bernoulli/Furler 2001; Krummacher 2020, § 9) durch Ambrosius Lobwasser ins Deutsche. Beim Singen der, gleichwohl textlich in Reimform gebrachten Psalmen, orientiert sich die Gemeinde des 16. Jahrhunderts nicht nur eng am Wort Gottes, sondern soll die Gebetspraxis der Psalmen weiterführen. Während das lutherische Psalmlied stärker katechetische Aspekte mit dem Gebet verbindet, bleibt das reformierte Psalmlied enger am biblischen Text und sieht sich damit in der direkten Tradition des biblischen Psalmgebets.

Kirchenlied als Gebet

Die Psalmlieder der Reformationszeit entstehen in ihrer Zeit, in bestimmten Umständen. Schon die Psalmen selbst, aber auch viele andere Liedformen anderer Epochen, verstehen das Kirchenlied als eine spezifische Form des Gebets:

- Die mittelalterlichen *Leisen* (Kirchenlieder, deren Strophe auf *Kyrie eleison* enden) tragen die Anrufung Gottes direkt im Text.
- Viele Lieder des 17. Jahrhunderts tragen mit ihrer Hinwendung zum (lyrischen) Ich deutlichen Gebetscharakter (vgl. Kapitel 3.6).
- Die Lieddichtung des Pietismus stellt oft genug das innige Gebet in den Mittelpunkt des Textes (vgl. Kapitel 3.7).

Im Singen wie im Beten bedienen wir uns in der Regel der Sprache anderer und sprechen dabei oft genug Wörter und Sätze aus, die wir als Individuen im Alltag nicht sprechen würden. Hinzu kommt, dass das Singen einen noch »größeren Kommunikationsraum als Sprechen« eröffnet und so auch von »Pathosscheu« (Kurzke 2014, 93.97) befreit. Indem ich gemeinsam mit anderen bete und indem ich singend bete, überwinde ich meine »Selbstexpressionsscham« (Meyer-Blanck 2019, 85). Singen und Beten sind daher als liturgische Grundvollzüge im Gottesdienst häufig gerade nicht trennscharf zu unterscheiden. In dieser Hinsicht lässt sich das »Wer singt, betet doppelt« noch einmal anders verstehen: Im Singen wird auf besondere Weise Beten möglich.

3.6 »Wie soll ich dich empfangen«: Kirchenlied und konfessionelle Identität

Das nachreformatorische 17. Jahrhundert hat grundlegend die Entwicklung des (protestantischen) Kirchenliedes geprägt. Dabei liegt der Fokus der Texte häufig auf dem *Ich* des Singenden:

> Du hast mit deiner Lieb erfüllt
> mein Adern und Geblüte.
> Dein schöner Glanz, dein süßes Bild
> liegt mir ganz im Gemüte.
> Und wie mag es auch anders sein?
> Wie könnt ich dich, mein Herzelein
> aus meinem Herzen lassen?

Diese – weder im Evangelischen Gesangbuch noch im Gotteslob zu findende – zweite Strophe aus Paul Gerhardts *Ich steh an deiner Krippen hier* (EG 37) ist einerseits ein schönes Beispiel für das am Ende des letzten Kapitels Ausgeführte: Diese Strophe, aber auch andere Passagen aus den im Gesangbuch abgedruckten Strophen (EG 37,5: *Wann oft mein Herz im Leibe weint;* EG 37,6: *Für edle Kinder großer Herrn gehören güldne Wiegen*) werden auch in der Gegenwart noch gesungen. Man kann sie sich aber kaum als gesprochenes Gebet im Gottesdienst und ebenso wenig im Rahmen der Alltagssprache außerhalb des Gottesdienstes vorstellen.

Paul Gerhardt

Paul Gerhardt lässt hier und an anderer Stelle ein Ich sprechen, das in einer ganz intimen Beziehung zum angesprochenen Jesus Christus steht. Es geht nicht mehr ausschließlich um ein frühneuzeitliches Ich der Reformationszeit, das für grundlegende Aspekte des Menschseins, etwa der Verstrickung in der Sünde, steht, ein repräsentatives Ich für das Wir der christlichen Gemeinde. Vielmehr steht das Ich im 17. Jahrhundert für die innige persönliche Beziehung zwischen Betenden und Jesus, eine Beziehung im Herzen (vgl. EG 36; EG 112; EG 503) und in der Seele (vgl. EG 302).

Persönliche Beziehung

Paul Gerhardt ist *der* Dichter im Evangelischen Gesangbuch mit insgesamt 26 abgedruckten Liedern, darunter:

- *Wie soll ich dich empfangen* (EG 11)
- *Fröhlich soll mein Herze springen* (EG 36)
- *Ich steh an deiner Krippen hier* (EG 37)
- *O Haupt voll Blut und Wunden* (EG 85)

- *Auf, auf, mein Herz mit Freuden* (EG 112)
- *Du meine Seele singe* (EG 302)
- *Befiehl du deine Wege* (EG 361)
- *Geh aus, mein Herz, und suche Freud* (EG 503)

Konfessionelle Identität

Die Kirchenlieder im 17. Jahrhundert sind Ausdruck der Suche nach konfessioneller Identität – zwischen Katholizismus und Kirchen der Reformation, aber auch innerhalb dieser, zwischen Lutheranern und Reformierten. Im lyrischen Ich spricht daher nicht nur ein unbestimmtes Individuum, es zeigt sich vielmehr in vielfältiger Form religiöser und konfessioneller Positionierung:

- In Strophe 3 von Heinrich Alberts *Gott des Himmels und der Erden* (EG 445) wird die Nacht als Bild für die Sünde verwendet, die durch den Morgen, verknüpft mit der Rechtfertigung, vergeht.
- Johann Heermann lässt in *O Jesu Christe, wahres Licht* (EG 72) um die Erkenntnis der rechten Lehre bitten. Sein Lied *O Gott, du frommer Gott* (EG 495) verbindet die richtige Lehre mit dem richtigen Tun und Handeln.
- Johann Francks *Jesu, meine Freude* (EG 396) findet unterschiedliche Bilder für die Mächte, die dem Ich gegenüberstehen: Stürme, Feinde, Satan, Sünde, Hölle, Drachen, Todesrachen. Diese kontrastiert das Lied mit den guten Mächten auf der Seite des Beters, zusammengefasst in Jesus, dem »Freudenmeister«.

Zuversicht

- Diese Zuversicht in einem Umfeld großer Sorge und Bedrängnis drückt sich in besonderer Weise in Georg Neumarks *Wer nur den lieben Gott lässt walten* (EG 369) aus.

Bitte um Frieden

- Wie ein hymnischer Gegenentwurf zu den Erfahrungen des Dreißigjährigen Krieges klingt die Bitte nach Fröhlichkeit und Frieden in Martin Rinckarts *Nun danket alle Gott* (EG 321). Das Lied, das eine schillernde Rezeptionsgeschichte durchlaufen hat, ist konsequent im Plural (»Wir« statt »Ich«) gehalten und verbindet individuelle Erfahrungen mit der christlichen Gemeinschaft.
- Der zu seiner Zeit weit bekannte Dichter Johann Rist gehört neben Paul Gerhardt zu den im Evangelischen Gesangbuch breit rezipierten Textdichtern. Am bekanntesten ist das in Johann Sebastian Bachs Weihnachtsoratorium aufgenommene *Brich an, du schönes Morgenlicht* (EG 33).
- Das kurze Lied *Lass mich dein sein und bleiben* (EG 157) von Nikolaus Selnecker betont die Treuebeziehung zwischen Gott und den Be-

tenden. Diese drückt sich dadurch aus, dass die Betende die richtige Lehre in der Welt beachtet.

- Ganz auf die zukünftige bzw. jenseitige Welt blickt Valerius Herbergers *Valet will ich dir geben* (EG 523), das die Melodiegrundlage für EG 157 liefert. Trost für den Singenden kommt hier in besonderer Weise durch den Ausblick auf die jenseitige Welt. Diese Hoffnung auf das Jenseits, teilweise gesteigert bis in eine Todessehnsucht hinein, prägen viele Texte des 17. Jahrhunderts.

In den zeitlichen Zusammenhang dieser Lieder gehören auch die Texte von Philipp Nicolai, der sich bewusst lutherisch positioniert. Schon der Titel seiner Schrift »Freuden-Spiegel des ewigen Lebens«, in der er Lieder und Predigten veröffentlicht, zeugt davon. Seine beiden im Evangelischen Gesangbuch veröffentlichten Lieder *Wie schön leuchtet der Morgenstern* (EG 70) und *Wachet auf, ruft uns die Stimme* (EG 147) sind einerseits Ausdruck von barocker Stilistik, die heute vielleicht als opulente Spielerei wahrgenommen werden kann: Die Buchstaben der Strophenanfänge verweisen auf Widmungen, die Silbenzahl der Choralzeilen sind so gewählt, dass sich daraus das Bild eines Abendmahlskelchs ergibt. Nicolais Texte sind andererseits voll biblischer Bezüge, die, anders als bei den Luther-Liedern, aber kaum katechetisch entfaltet werden. Die biblischen Texte und ihre möglichen Deutungen werden vielmehr als bekannt vorausgesetzt.

Das ausgehende 16. und das 17. Jahrhundert sind für das deutschsprachige evangelische Kirchenlied in nicht zu überschätzender Weise stilbildend (vgl. zu Paul Gerhardt dem Kirchenlied des 17. Jahrhunderts Bunners 2006; Krummacher 2020, § 10). Nahezu alle Merkmale, die noch heute als typisch für Kirchenlieder gelten, gehen auf Entwicklungen dieser Zeit zurück:

Typisch für Kirchenlieder

- Die Melodiestimme des Kirchenlieds wird nicht mehr wie bisher in Tenorlage notiert, sondern in den Sopran verlegt. Der in dieser Zeit entstehende *Kantionalsatz* vollzieht diese Änderung bewusst mit dem Ziel, »dass eine ganze Christliche Gemein durchaus Mitsingen kann« (Osiander 1586). Dieses Ziel teilt auch das einflussreichste Gesangbuch des 17. Jahrhunderts, die von Johann Crüger ab 1647 herausgegebene *Praxis Pietatis Melica.* Das Titelblatt beschreibt als Ziel die »Beförderung des sowohl Kirchen- als auch Privat-Gottesdienstes«.

Mitsingen

- Die Harmonik von Dur und Moll setzt sich gegenüber den *Modi* (Kirchentonarten) durch. Lieder lassen sich im Kantionalsatz begleiten, der harmonisch geprägt ist vom Schema einer Kadenz mit Tonika, Subdominante und Dominante.

- Die bis heute in den allermeisten musikalischen Genres übliche Form des Akzentstufentakts (z. B. Dreivierteltakt) mit einem regelmäßigen Takt- und Betonungsschema entsteht. Die Taktart der Musik gibt die Betonung vor, nicht der Text.
- Gleichzeitig verändert sich das Ideal in der Poetik. 1624 erscheint Martin Opitz' »Buch von der deutschen Poeterey«, in dem Grundlagen poetischen Schreibens für die deutsche Sprache entwickelt wurden (2006). Der Einfluss auf die Liederdichter des 17. Jahrhunderts, etwa mit Blick auf das verwendete Reimschema oder das Metrum, ist unübersehbar.

Orgel als Begleitinstrument

- Es wird mehr und mehr üblich, Kirchenlieder mit der Orgel (im Kantionalsatz) zu begleiten. Die Orgel wird vom Soloinstrument somit auch zum Begleitinstrument. Nicht ohne Grund entsteht in dieser Zeit eine große Fülle an choralgebundener Orgelmusik, komponiert etwa von Dietrich Buxtehude oder Johann Sebastian Bach. Überall dort, wo Lieder im (evangelischen) Gottesdienst in angemessener Weise begleitet werden sollten, musste eine Orgel vorhanden sein. Umgekehrt wird das Kirchenlied mindestens bis zur Mitte des 20. Jahrhunderts als das Lied verstanden, das mit der Orgel begleitbar ist und von der ganzen Gemeinde gesungen wird.

Das 17. Jahrhundert entwickelt eine geradezu prototypische Form des evangelischen Kirchenlieds. Als Idealtyp erfährt dieses Kirchenlied eine breite Rezeption bis in die Gegenwart, wird gesungen, bearbeitet und aktualisiert. Gleichzeitig bietet eine solch profilierte Form auch Anlass zu Gegenentwürfen kirchlichen Singens – mit anderer Instrumentierung und theologischer Ausrichtung, ohne feste Strophenformen, mit weniger starkem lyrischen Ich.

3.7 »Gott ist gegenwärtig«: Kirchenlied in Pietismus und Mystik

In den bisher vorgestellten Kontexten waren Liturgie und Gottesdienst eng mit einer Vorstellung von Öffentlichkeit konnotiert: Gottesdienst findet öffentlich statt, liturgisches Singen ist öffentliches Singen, auch wenn unterschiedliche Gruppen (nicht) beteiligt wurden. Auch dann, wenn ein

Text in der Ich-Form geschrieben ist, ist dabei zumeist an eine öffentliche Form des Singens und nicht an ein privates Zwiegespräch mit Gott gedacht. Der Pietismus, häufig neben der Reformation selbst als wesentlichste Reformbewegung innerhalb des Protestantismus bezeichnet, verändert die Art und Weise des Singens – die Formen, den Ort und damit nicht zuletzt den Grad der Öffentlichkeit.

Die Gemeindepraxis in der zweiten Hälfte des 17. Jahrhunderts ist von einer Situation geprägt, die für die Gegenwart des 21. Jahrhunderts nicht fremd klingt: Im öffentlichen Sonntagsgottesdienst werden die im Gesangbuch überlieferten Kirchenlieder der Tradition gesungen. Für Andachten und Versammlungen verschiedener Gruppen werden dagegen »zeitgemäße«, »jugendgemäße«, in mehrfachem Sinn »ansprechende«, in jedem Fall andere Lieder verwendet. Johann Crüger, Andreas Osiander und Paul Gerhardt sahen für Gottesdienste im öffentlichen und privaten Raum die gleichen Formen vor. Es gehörte sogar dezidiert zum Anspruch der Lutherlieder, dass sie nicht nur im Gottesdienst, sondern auch in Familie und Schule eine Rolle spielten. Der Pietismus bringt dagegen stärker für bestimmte Formate auch neue musikalische Formen hervor.

Neue musikalische Formen

Rhythmus, Melodieführung und Tonumfang entsprechen dabei nicht dem orgelbegleiteten Kantionalsatz. Sprachform, Text und Theologie weichen deutlich von den Liedern Luthers oder Gerhardts ab. Die Komponisten und Dichter der »neuen Lieder« verstehen diese zwar zumeist als Ergänzung zum »Normalfall« der gottesdienstlich verwendeten Lieder des 16. und 17. Jahrhunderts. Namhafte Theologieprofessoren stellen allerdings fest, dass »sehr viel hüpfende, springende daktylische Lieder [entstehen], welche mehrenteils mit ungeistlichen und fast üppigen Melodieen versehen sind, und insonderheit sich zu der Gravität der hohen Geheimnisse, die sie in sich halten sollen, im geringsten nicht reimen.« Sie befürchten sogar, dass diejenigen, die diese Lieder singen »durch eine gewisse, springende, und tanzende Art von Melodieen wohl gar in eine empfindliche Veränderung, und Anfang einer Raserei gebracht werden kann« (zitiert nach Meyer 2012, 122 f.). Die 1714 geäußerte Kritik der Theologischen Fakultät Wittenberg an dem 1704 erschienenen »Geistreichen Gesangbuch« von Johann Anastasius Freylinghausen ist in verschiedener Hinsicht aufschlussreich. Ein bestimmter Liedtypus des 16. und 17. Jahrhunderts, der zugleich bestimmte konfessionelle Positionierungen enthält, wird als Ideal vorgestellt. Dieses Ideal gilt es in Gesangbüchern zu tradieren, damit es im Gottesdienst gesungen werden kann.

Musikalische Form, konfessionelle Identität und liturgische Verwendung hängen eng miteinander zusammen. Vom Ideal abweichende Formen werden verworfen oder gar als gefährlich dargestellt. Die pietistische Bewegung und die damit verbundene Liedproduktion breitet sich dennoch aus. Es bilden sich bekannte Zentren, etwa Halle, Herrnhut und ganze Regionen wie Württemberg oder das Rheinland. Hochliturgische Gottesdienstordnungen, die öffentlich praktizierten Sakramente und auch liturgische Formen wie das Kirchenjahr verlieren an Bedeutung.

Das Freylinghausensche Gesangbuch gibt mit seinen Rubriken einen guten Einblick in die Themen, die nun relevant sind. Es finden sich dort Abschnitte wie »Wahre Buße und Bekehrung«, »Geistliche Vermählung« oder »Übergabe des Herzens an Gott«. Im Gegenüber zur *Praxis Pietatis Melica,* die zum Gebrauch in öffentlichen und privaten Gottesdiensten vorgesehen ist, findet sich nun eine andere Zweckbestimmung auf dem Titelblatt: »Zur Erweckung heiliger Andacht und Erbauung im Glauben und gottseligen Wesen«.

Öffentlicher und privater Gottesdienst

Bis in die Gesangbücher der Gegenwart haben sich viele Lieder aus der frühen Zeit des Pietismus gehalten:

- Johann Scheffler (latinisiert: Angelus Silesius) dichtet Lieder wie *Ich will dich lieben meine Stärke* (EG 400) oder *Liebe die du mich zum Bilde* (EG 401). Er veröffentlicht außerdem Liedersammlungen mit so klangvollen Titeln wie »Cherubinischer Wandersmann oder geistreiche Sinn- und Schlussreime zur Göttlichen Beschaulichkeit anleitend« oder »Heilige Seelenlust oder geistliche Hirtenlieder der in ihren Jesum verliebten Psyche«.
- Joachim Neander tritt als Textdichter (EG 316/317: *Lobe den Herren*) und Komponist (EG 166: *Tut mir auf die schöne Pforte*) in Erscheinung. Er steht zugleich für einen reformierten Pietismus, der sich in seinen musikalischen Formen deutlich von den Psalmvertonungen der Frühzeit emanzipiert und sich mit seiner an Arien und Tänze erinnernden Form auch deutlich vom bisherigen Kirchenlied der lutherischen Tradition abhebt.
- Nikolaus Ludwig Graf von Zinzendorf steht als Liederdichter und Herausgeber verschiedener Schriften und Gesangbücher für die pietistische Gemeinschaft in Herrnhut. Zu seinen Liedern zählen *Herz und Herz vereint zusammen* (EG 251) und *Jesu, geh voran* (EG 391).
- Gerhard Tersteegen veröffentlicht nicht nur Kirchenlieder, sondern tritt als Dichter und Herausgeber verschiedener Werke in Erscheinung. In seinem Buch »Auserlesene Lebensbeschreibung heiliger Seelen«

Mystik

zeichnet er das Leben verschiedener katholischer Mystiker nach. Er verbindet seine reformierte Prägung mit seiner Vorliebe für katholische Mystik, die sich in seinen Liedern niederschlägt, so etwa *Jauchzet ihr Himmel* (EG 41), *Brunn alles Heils, dich ehren wir* (EG 140) oder *Gott ist gegenwärtig* (EG 165). Gerade das letztgenannte gilt als Musterbeispiel für eine der Welt und öffentlichen Gottesdiensten abgewandte, sich mystisch versenkende Dichtung und Theologie.

- Als bekanntester Vertreter des württembergischen Pietismus dieser Zeit gilt Philipp Friedrich Hiller mit Liedern wie *Jesus Christus herrscht als König* (EG 123), *Wir warten dein, o Gottes Sohn* (EG 153) und *Mir ist Erbarmung widerfahren* (EG 355).

Gegenbewegung zum Pietismus

Wie viele Bewegungen kennt auch der (frühe) Pietismus eine Gegenbewegung, die sich als dezidierte theologische Orthodoxie wieder verstärkt dem öffentlichen Gottesdienst zuwendet. Bekannt sind Benjamin Schmolcks Texte wie *Tut mir auf die schöne Pforte* (EG 166) oder *Liebster Jesu, wir sind hier* (EG 206), die dezidiert für den Gemeindegottesdienst in Kirchen geschrieben sind und die Elemente des öffentlichen Gottesdienstes, wie die Sakramente, in den Mittelpunkt stellen.

Primärer Ort des Singens

Der Pietismus des 17. und 18. Jahrhunderts und die sich aus ihm entwickelnden Strömungen stellen bis heute die Frage, wie sich öffentlicher Gottesdienst, religiöse Praktiken in unterschiedlichen Gruppen und Milieus sowie persönliche Frömmigkeit, Ausdrucksformen von Pietismus und Mystik zueinander verhalten. Was für den Gottesdienst und die religiöse Praxis im Allgemeinen gilt, trifft für Kirchenlieder und Singen im Raum der Kirche im Besonderen ebenfalls zu. Damit verbunden ist die Frage, ob sich Singen im Raum der Kirchen, ob sich Kirchenmusik und Kirchenlied in erster Linie vom vermeintlichen »Normalfall« des öffentlichen Gottesdienstes an Sonn- und Feiertagen her bestimmen lassen.

3.8 »Seht ihr den Mond dort stehen«: Kirchenlied und Aufklärung

»Die Aufklärung hat Tradition zur Historie gemacht und damit eine neue Form von Gegenwart geschaffen« (Leube 2012, 146). Diese strenge Bezogenheit auf die Gegenwart, die die Tradition als Historie auf Distanz bringt, kennzeichnet nicht nur die Epoche der Aufklärung und das Kirchenlied dieser Zeit. Die Verhältnisbestimmung zwischen Rationali-

Rationalität und Emotionalität

tät und Emotionalität, und auch zwischen überlieferten theologischen Aussagen und gegenwärtiger religiöser Erfahrung wird in der Aufklärung besonders wichtig, ist aber in unserer Gegenwart nach wie vor relevant.

Ein Blick in die Besonderheiten des Kirchenlieds der Aufklärungszeit (vgl. Krummacher 2020, 121–130 sowie Leube 2012) lohnt daher nicht nur aus historischer Perspektive. Ein wesentliches Interesse der Aufklärungszeit ist es, Gottesdienst und Kirchenlied konsequent aus einer gegenwärtigen Perspektive zu betrachten und umzugestalten. Das betrifft zunächst die Gesangbuch- und Liedproduktion. In bisher nicht dagewesener Weise wird in bestehende Liedtexte eingegriffen und im Lichte der Vernunft umgedichtet. Die Liedtexte für die häusliche Andacht und die öffentlichen Gottesdienste sollen gleichermaßen theologische Positionen, etwa aus einer Predigt, unterstreichen und der allgemeinen Moral dienen. Das Aufklärungslied besingt einen Schöpfergott, der die Natur und ihre Gesetzmäßigkeiten zwar erschaffen hat, von den Alltäglichkeiten der Christenmenschen aber weit entfernt ist. Der Mensch als vernunftbegabtes Wesen soll seine Tugend entwickeln, Pflichten erfüllen und dadurch Gott die Ehre geben. Um diese Aspekte in den Mittelpunkt zu stellen, wurde in die Texte überlieferter Lieder teilweise massiv eingegriffen. Historische Klarheit und zeitgemäße Verständlichkeit waren dabei wesentliche Kriterien.

Tugend und Pflichten

In wenigstens einer Hinsicht steht die Aufklärung einigermaßen ungebrochen in der Tradition des Pietismus: Das Hervorbringen von Rührung, ja Pathos und Sentimentalität ist Aufgabe der Religion, auch des Kirchenlieds. Zugleich gilt sie als Voraussetzung für die Tugendhaftigkeit und das Pflichtbewusstsein des Menschen. Dem entspricht eine einfache Musik, die von einer Reduktion auf wenige Kirchenliedmelodien, der Praxis eines extrem langsamen Singens und einer weitestgehenden Vereinfachung im Rhythmus *(Isorhythmik)* geprägt ist. Oft ersetzen Zuhören und Mitlesen das gemeinschaftliche Singen im Gottesdienst.

Das weit verbreitete »Gesangbuch zum gottesdienstlichen Gebrauch in den Königlich-Preußischen Landen« (1780, nach seinem Herausgeber *Mylius* benannt) enthält nur die zwei Rubriken »Lob Gottes« und »Bitten zu Gott«. Dazu kommen Unterrubriken wie »Schöpfung und Vorsehung«, »Allgemeiner Landeswohlstand«, »Selbsterkenntnis und Demuth« oder »rechter Gebrauch des zeitlichen Lebens und dessen Güter«.

Funktion des Kirchenlieds

Diese Kategorien lassen die Funktion des Kirchenlieds in dieser Zeit ähnlich deutlich werden wie Christian Fürchtegott Gellerts (1997) Vorrede zu seinen »Geistlichen Oden und Liedern«:

> Die Lieder für das Herz, denen der Gesang vorzüglich eigen ist, müssen so beschaffen seyn, daß sie uns alles, was erhaben und rührend in der Religion ist, fühlen lassen; das Heilige des Glaubens, das Göttliche der Liebe, das Heldenmüthige der Selbstverleugnung, das Große der Demuth, das Liebenswürdige der Dankbarkeit, das Edle des Gehorsams gegen Gott und unsern Erlöser, das Glück, eine unsterbliche, zur Tugend und zum ewigen Leben erschaffne und erlöste Seele zu haben; daß sie uns die Schändlichkeit des Lasters, das Thierische der Lüste und Sinnlichkeit, das Niederträchtige des Geizes, das Kleine der Eitelkeit, das Schreckliche der Wollust, mit einem Worte, die Reizungen der Tugend und die Häßlichkeit des Lasters empfinden lassen; der Tugend, wie sie von Gott geliebt, befohlen, zu unserm Glücke befohlen wird. (105 f.)

Gellert ist der nahezu einzige Aufklärungsdichter, dessen Lieder sich bis heute im EG finden, darunter *Herr, stärke mich, dein Leiden zu bedenken* (EG 91), *Jesus lebt, mit ihm auch ich* (EG 115) und *Wenn ich, o Schöpfer, deine Macht* (EG 506). Die erste Strophe von EG 506 zeigt inhaltlich und sprachlich viele der vorgestellten typischen Merkmale des Aufklärungslieds:

Aufklärungslieder

> Wenn ich, o Schöpfer, deine Macht, / die Weisheit deiner Wege, / die Liebe, die für alle wacht, / anbetend überlege: / so weiß ich, von Bewundrung voll, / nicht, wie ich dich erheben soll, / mein Gott, mein Herr und Vater!

Gellerts Zeitgenosse Matthias Claudius hat mit *Der Mond ist aufgegangen* (EG 482) eines der bis heute beliebtesten Kirchenlieder zunächst als Gedicht in einem Lyrikband veröffentlicht.

> Der Mond ist aufgegangen, / die goldnen Sternlein prangen / am Himmel hell und klar. / Der Wald steht schwarz und schweiget, / und aus den Wiesen steiget / der weiße Nebel wunderbar.

Matthias Claudius

Nach der ersten Strophe, die ähnlich wie Gellerts Schöpfungslied ebenfalls von Naturphänomenen ausgeht, wenden sich die nächsten Strophen direkt an die zeitgenössischen Vertreter von Aufklärung und Rationalismus und stellen deren Positionen mit dem Bild von der trügerischen Anschauung und der menschlichen Erkenntnisfähigkeit in Frage:

> Seht ihr den Mond dort stehen? / Er ist nur halb zu sehen / und ist doch rund und schön. / So sind wohl manche Sachen, / die wir getrost belachen, / weil unsre Augen sie nicht sehn.

Strophe vier spricht dann von Stolz und Sündern und gerade vom Nichtwissen bevor sich die folgenden Strophen in kindlicher Gebetsgebärde an Gott wenden. Das Lied von Matthias Claudius entsteht in der Zeit der Aufklärung und kritisiert die Überzeugungen der Zeit zugleich deutlich. In Form der Naturbetrachtung trägt das Lied schon deutliche Züge der Romantik.

Romantik

Die aufklärerische Tendenz einer strengen Gegenwartsorientierung, die den Anschluss an Wissenschaft und das Denken einer bestimmten Zeit sucht, findet sich in späterer Zeit auf unterschiedliche und ambivalente Weise wieder (vgl. Leube 2012, 147 f.). So reklamieren verschiedene liturgische Schriften und Gesangbücher der »Deutschen Christen« aufgeklärtes Denken für sich und greifen in diesem Sinne in überkommene Liedtexte ein. Auf ganz andere Weise stehen viele Texte früher Neuer Geistlicher Lieder (vgl. Kapitel 3.11) in der Tradition der Aufklärung, indem sie dezidiert kirchliches Singen anschlussfähig an die Ästhetik der Zeit gestalten wollen. Damit korrespondieren Liedtexte, die in der Gegenwart möglichst verständlich sein sollten.

Aufklärung

Mit der unmittelbaren Bezogenheit auf die Gegenwart und der Forderung nach einer kognitiven Verständlichkeit hat die Aufklärung zwei Kategorien etabliert, die bis in die Gegenwart kirchlichen Singens hinein bedeutsam sind – für die Liedauswahl im Gottesdienst, für das Singen mit bestimmten Gruppen, für eine zeitgemäße Liturgie.

3.9 »Holder Knabe im lockigen Haar«: Kirchenlied und Volkslied

Wenige Jahre nach seinem Erscheinen ist aus dem Abendlied des Matthias Claudius ein Volkslied im mehrfachen Wortsinn geworden. Nach Johann Gottfried Herder gilt diese Zuschreibung nicht nur für dieses Lied, sondern für das Evangelische Gesangbuch im Allgemeinen:

> Das Lied ist nicht der Zahl wegen hergesetzt, sondern einen Wink zu geben, welches Inhalts die besten Volkslieder seyn und bleiben werden. Das Gesangbuch ist die Bibel des Volks, sein Trost und seine beste Erholung. (Herder 2001, 395)

Dabei hat das 19. Jahrhundert ganz bestimmte Idealvorstellungen von Inhalt und Gestalt des Gesangbuchs, die sich deutlich von der Zeit der Aufklärung abgrenzen. Ernst Moritz Arndt formuliert in seiner Schrift »Von dem Wort und dem Kirchenliede« programmatisch:

> [Es] muss das Meiste, was in den letzten fünfzig Jahren gemacht und eingeführt ist, wieder abgeschafft und ausgekehrt werden, weil es eitel Spreu und Dunst ist, wovon nichts bleibt, wenn der rechte feurige Kehrbesen des Evangeliums und die Kunst des Höheren Geistes darüber kömmt. (Arndt 1819, 45–46)

Dass im 20. Jahrhundert häufig ein noch deutlicheres Urteil über die Kirchenlieder der Romantik gefällt wurde, darf dabei nicht unerwähnt bleiben. Was den wahren Kern des Liedbestandes ausmacht, führt Arndt wenig später aus und knüpft dabei an die Zeit vor der Aufklärung an:

> Solang deutsch gesprochen wird, werden Luthers und Gerhardts meiste Lieder leben und von Christen in Kirchen gesungen werden, nicht weil Luther oder Gerhardt sie gedichtet haben, sondern der Geist Gottes. (Arndt 1819, 46)

Die Hinwendung zu den voraufklärerischen Liedern führte jedenfalls dazu, dass im 19. Jahrhundert in besonderer Weise die hymnologische Forschung zum Erblühen kommt. Hymnologie versteht sich dabei, vergleichbar mit der Bibelwissenschaft dieser Zeit, als historisch-kritische Wissenschaft, die sich den Ursprüngen älteren Liedguts zuwendet.

Ideale der Aufklärung

In der Musikästhetik gibt es, entgegen der pointierten Formulierung Arndts, durchaus Anknüpfungspunkte an die Ideale der Aufklärung: Das Kirchenlied dient der Hervorbringung religiöser Gefühle – eine Erfahrung, die aber auch jenseits des Gottesdienstes und der Institution Kirche ihren Ort haben kann. Mehr noch wird im 19. Jahrhundert betont, dass Kunst, Literatur und Musik selbst sakralen Charakter haben können. Auch die Vorstellung von einer schlichten Erhabenheit eines Chorals bzw. Kirchenlieds, gesungen in langsamem Tempo, knüpft an die Aufklärung an. Die Bezeichnung »Choral« begegnet uns in diesem Sinne dann auch außerhalb liturgischer Kompositionen als Bezeichnung für musikalische Werke mit einem bestimmten Charakter.

Nationale Einheit

Es ist wiederum Ernst Moritz Arndt, der nicht nur die nationale Einheit Deutschlands propagiert, sondern auch in diesem Sinne für alle

Christen unabhängig von der Konfession auf ein einheitliches Gesangbuch dringt. Seine Kritik an der Aufklärungsdichtung und zum Teil auch an der zeitgenössischen Dichtung zeigt sich in seinen eigenen Liedern, wie etwa *Kommt her, ihr seid geladen* (EG 213) und *Ich weiß, woran ich glaube* (EG 357).

Das 19. Jahrhundert ist zwar die Blütezeit der Lieddichtung, es entstehen aber nur wenige neue Kirchenlieder im bisher üblichen Sinn. Selbst Dichter mit kirchlich-religiöser Sozialisation wie Eduard Mörike schreiben keine Kirchenlieder im eigentlichen Sinn. So finden sich von den bekannten Dichtern der Romantik auch lediglich Clemens Brentano (EG 509: *Kein Tierlein ist auf Erden*) und Friedrich Rückert (EG 14: *Dein König kommt in niedern Hüllen*) im Evangelischen Gesangbuch.

Zu den typischen Dichtern des Kirchenlieds im 19. Jahrhundert gehört Philipp Spitta, der mit seinen Liedern sprachlich und theologisch an die lutherische Reformation anknüpft (EG 136: *O komm, du Geist der Wahrheit;* EG 137: *Geist des Glaubens, Geist der Stärke;* EG 406: *Bei dir Jesu will ich bleiben*). Erwähnenswert sind zudem die Dichtungen von Julie Hausmann (EG 376: *So nimm denn meine Hände*) und Luise Hensel (EG 484: *Müde bin ich, geh zur Ruh*).

Die Ausbreitung des Christentums weltweit ist überdies eine große Thematik. In diesem Zusammenhang entsteht etwa das Lied Albert Knapps *Einer ist's, an dem wir hangen* (EG 256). Knapp tritt auch als Bearbeiter anderer Lieder in Erscheinung (EG 241: *Wach auf du Geist der ersten Zeugen;* EG 251: *Herz und Herz vereint zusammen*). Ein Blick über Länder- und Konfessionsgrenzen hinweg lohnt auch aus anderen Gründen: Während das 19. Jahrhundert eher wenige klassische protestantische Kirchenlieder hervorbringt, zeigt sich für die anglikanische Tradition ein gänzlich anderes Bild: Lieder wie »Abide with me«, »Nearer my God to thee« oder »The Church's one foundation« sind Beispiele für die Blütezeit viktorianischer Hymnen. Zusammen mit Christmas Carols des 18. und 19. Jahrhunderts wie »O Come, All Ye Faithful« oder »Hark! The Herald Angels Sing« sind sie mittlerweile im Original und in Übersetzung fester Bestandteil von deutschsprachigen Gesangbüchern. Mit diesen Liedern sind eine stilprägende musikalische Form und eine bestimmte Praxis des Singens bis in die Gegenwart verbunden (vgl. einführend Bradley 1997; Eskew/McElrath 1995). Neben der anglikanischen Tradition muss für das 19. Jahrhundert besonders auch auf Kirchenlieder hingewiesen werden, die im katholischen Kontext entstehen, am bekanntesten sicherlich *Stille Nacht, heilige Nacht* (EG 46; vgl. Herbst 2012).

Erweckungsbewegungen

Auch der Protestantismus des 19. Jahrhunderts kennt verschiedene Erweckungsbewegungen. Missionsfeste erfreuen sich großer Beliebtheit und sind, ähnlich den Kirchentagen des 20. Jahrhunderts, ein Ausgangspunkt für neue Formen kirchlichen Singens. Dabei wird zumeist zwischen dem Singen im »Kirchenton« (während des Gottesdienstes) und dem Singen im »Volkston« (etwa bei Missionsfesten) unterschieden: Teilweise kommen unterschiedliche Lieder zur Aufführung, teilweise wird ein und derselbe Text je nach Kasus in unterschiedlicher Melodiefassung gesungen. Anders als in der Bezeichnung Herders, der Kirchenlieder per se als Volkslieder bezeichnen konnte, entstehen nun *geistliche Volkslieder* mit eigener musikalischer, textlicher und theologischer Stilistik. Lieder wie das bereits erwähnte *Stille Nacht, heilige Nacht* verbreiten sich jenseits des liturgischen Kontexts und zunächst auch jenseits von gottesdienstlichen Liedersammlungen. Im späten 19. und frühen 20. Jahrhundert findet man in Gesangbuchanhängen neben Liedern für den Kindergottesdienst auch geistliche Volkslieder. Häufig gab es für die in den Anhängen abgedruckten Lieder eigenständige Zählungen und den expliziten Hinweis, diese seien nicht für den Gebrauch im Gottesdienst vorgesehen.

Geistliche Volkslieder

Nicht zufällig gibt es unter den bekannten geistlichen Volksliedern verschiedene Lieder im thematischen Umfeld des Weihnachtsfests, das als Familienfest in dieser Form im 19. Jahrhundert geprägt wird. In den Stammteil des Evangelischen Gesangbuchs wurden aus dieser Zeit und Stilistik etwa *Ihr Kinderlein kommet* (EG 43), *O du fröhliche* (EG 44) und *Kommet, ihr Hirten* (EG 48) aufgenommen.

Diese Lieder verbreiteten sich in der Zeit ihrer Entstehung insbesondere außerhalb der liturgischen Kontexte in kirchlichen Gruppierungen, Vereinen oder in häuslichen Andachten. Das Singen im Raum der Kirchen bleibt demgegenüber »zunächst ein durch den Pfarrer via Liedertafel angeordnetes und von der Orgel gesteuertes Singen im Gottesdienst. In jeder Dorfkirche wird jetzt ein Instrument gebaut und vom Lehrer gespielt« (Klek 2012b, 176). Neben den stilgebenden Entwicklungen im 17. Jahrhundert (vgl. Kapitel 3.6) prägt so das 19. Jahrhundert in besonderer Weise das Bild des von der Orgel begleiteten und von der gesamten Gemeinde gesungenen Kirchenlieds.

Kirchengesangvereine

Gegen Ende des 19. Jahrhunderts, im katholischen Bereich schon früher durch die Gründung des Caecilienvereins, gewinnen neu gegründete Kirchengesangvereine an Bedeutung. Sie sollen den Gemeindegesang unterstützen, übernehmen aber auch stellvertretend das Singen für die

Gemeinde. Im Evangelischen Gesangbuch finden sich zwei Lieder (EG 332: *Lobt froh den Herrn, ihr jugendlichen Chöre* und EG 333: *Danket dem Herrn! Wir danken dem Herrn*), die von der Kultur der kirchlichen Gesangvereine Zeugnis geben.

3.10 »Die Nacht ist vorgedrungen«: Kirchliches Singen, Singbewegung und gemeinschaftliches Singen

Zeitenwende

Spätestens mit dem Ende des Ersten Weltkriegs vollzog sich auch für die Kirchen und ihre Musik eine Zeitenwende – zumindest auf den zweiten Blick. Auf den ersten Blick verwirklichte die Herausgabe des Deutschen Evangelischen Gesangbuchs (DEG), das ab 1915 in verschiedenen Druckfassungen und mit verschiedenen regionalen Anhängen erschien, die Bestrebungen des 19. Jahrhunderts. Und auch das Interesse an hymnologisch-historischer Forschung teilt das beginnende 20. Jahrhundert mit dem 19. Jahrhundert.

Die Zeitenwende wird auf den zweiten Blick deutlich: In Folge des Ersten Weltkriegs organisiert sich eine Jugendbewegung in gemeinschaftlichen Bünden. Damit einher geht eine strikte Ablehnung der Ideale, der Ästhetik und der Theologie des 19. Jahrhunderts. Die Emotionalität der Lieder dieses Jahrhunderts wird als Schwäche verstanden, man wendet sich beim Singen wieder der Zeit vor der Aufklärung zu. Parallel zu dieser singenden Jugendbewegung kennt die Architektur etwa den *Jugendstil.* Liturgische Erneuerungsbewegungen entdecken feste Formen wie die Tagzeitenliturgie oder einen an der mittelalterlichen Messe orientierten Gottesdienst wieder neu für ihre liturgische Praxis. Gemeinschaftliche Formen des Zusammenlebens und des Singens haben Konjunktur. Auch musikalisch wendet man sich dem Repertoire der »alten Meister« zu.

Jugendbewegung

In der Jugendbewegung wird Singen als Gemeinschaftserfahrung praktiziert. Neben dem reformatorischen Liedgut, das in jeweiligen Urfassungen gesungen wird, bekommt das alte deutsche Volkslied – nicht zu verwechseln mit dem des 19. Jahrhunderts – besondere Bedeutung. Polyphone Formen, in besonderer Weise der Kanon (z.B. EG 456: *Vom Aufgang der Sonne,* Paul Ernst Ruppel 1938), werden gegenüber dem homophonen Liedsatz der Romantik bevorzugt. Möglichst »objektive«, grundsätzlich theologische Aussagen werden gegenüber den Texten des 19. Jahrhunderts, die als emotionsbetont und subjektiv wahrgenommen werden, angestrebt.

Kanon

Lieder und auch Sätze aus dem 16. und 17. Jahrhundert sind höchst populär und Teil der Jugendbewegung. Jugendpfarrer Otto Riethmüller gibt 1932 das Jugendliederbuch »Ein neues Lied« heraus, wobei die dort abgedruckten »neuen Lieder« nahezu ausschließlich mehrere Jahrhunderte alt sind. Gerade als Gegenentwurf zu den Weihnachtsliedern des 19. Jahrhunderts dichtet er Texte wie *Der Morgenstern ist aufgedrungen* (EG 69). Weiterhin bekannt ist sein Lied *Sonne der Gerechtigkeit* (EG 263).

In besonderer Weise sind die Lieder von Jochen Klepper Ausdruck der Theologie und der musikalisch-ästhetischen Empfindung der Zeit. Wiederkehrende Themen sind Zeitlichkeit und christliches Leben im Angesicht der Bedrängnis, stark orientiert am biblischen Text und an biblischer Sprache. Zu den bekanntesten der insgesamt zwölf Lieder im Stammteil des Evangelischen Gesangbuchs gehören *Die Nacht ist vorgedrungen* (EG 16), *Ja ich will euch tragen* (EG 380) und *Er weckt mich alle Morgen* (EG 452).

Vom großen Theologen Dietrich Bonhoeffer ist der Liedtext *Von guten Mächten wunderbar geborgen* (EG 65) überliefert, der allerdings als Lied im Evangelischen Kirchengesangbuch der Nachkriegszeit keine Aufnahme fand.

Zu erwähnen ist weiterhin Rudolf Alexander Schröder, der mit seinem Sprachstil und seinen Ausdrucksformen ebenfalls deutlich in die Zeit vor die Romantik zurückgeht. Bekannt sind sein archaisch anmutendes Credolied *Wir glauben Gott im höchsten Thron* (EG 184) oder auch das Abendlied *Abend ward, bald kommt die Nacht* (EG 487). Mit Arno Pötzsch schließlich verbinden sich Lieder aus dem Umfeld von Brüdergemeinen (u. a. Herrnhut) wie *Du hast zu deinem Abendmahl als Gäste uns geladen* (EG 224), *Meinem Gott gehört die Welt* (EG 408) oder *Du kannst nicht tiefer fallen, als nur in Gottes Hand* (EG 533).

Bekennende Kirche und Deutsche Christen

Während die Bekennende Kirche in der Zeit des Nationalsozialismus in weiten Teilen in der Tradition der Jugendbewegungen Lieder der Reformationszeit singt, greifen die »Deutschen Christen« massiv in Liedtexte überkommener Lieder ein und versuchen, die Lieder radikal von »Spuren jüdischen Denkens« zu befreien.

Der Blick auf die Jugendbewegungen und ihre Ideale ist deswegen von höchster Relevanz, weil die Praxis des kirchlichen Singens nach dem Zweiten Weltkrieg in weiten Teilen hier direkt anknüpft. Die Agenden der lutherischen Kirchen und das Evangelische Kirchengesangbuch (EKG), die in den 1950er Jahren erscheinen, sind von den Idealen der Jugendbewegung und der Singbewegung geprägt. Sie haben mit ihrer

Restaurative Tendenzen

Hinwendung zu liturgischen Entwürfen und Gesängen des 16. und 17. Jahrhunderts starke restaurative Tendenzen. Dass sich auch die Bewegungen innerhalb der katholischen Kirche dieser Zeit zuwenden, schlägt sich nicht zuletzt in der verstärkten Beteiligung der Gemeinde (ein reformatorisches Ideal!) in Folge des Zweiten Vatikanischen Konzils nieder.

Einheitsideal

Im Evangelischen Kirchengesangbuch (ähnlich im Reformierten Kirchengesangbuch der Schweiz/RKG 1952) finden das Einheitsideal des 19. Jahrhunderts sowie die Theologie und die musikalische Ästhetik der Bewegungen zwischen den Weltkriegen ihren Niederschlag. Texte und Melodien der Romantik sucht man ebenso vergebens wie populäre oder moderne musikalische Formen des 20. Jahrhunderts. Das Evangelische Kirchengesangbuch wird für alle Landeskirchen verbindlich eingeführt, ergänzt um verschiedene regionale Anhänge. In den 1950er und 1960er Jahren kommt es in Anknüpfung an die Singbewegung zur Gründung vieler Kirchenchöre, die das Singen im Gottesdienst insgesamt befördern. Der Verband evangelischer Kirchenchöre in Deutschland wird ein wesentlicher Motor zur Praxis des Gesangbuchs. Nicht nur mit Blick auf die Teilnehmendenzahlen, sondern auch mit Blick auf den Gesang des klassischen Kirchenlieds erfährt der sonntägliche Gemeindegottesdienst eine große Blütezeit.

Die erste Hälfte des 20. Jahrhunderts prägt weniger eine bestimmte Form des Kirchenlieds als eine Vorstellung über das Singen im Raum der Kirchen. Kirchliches Singen wendet sich einer (vermeintlichen) Ästhetik des Ursprungs und einer Form der »Anfangszeiten« zu: dem frühen Christentum und der Reformationszeit. Gesangbücher und liturgische Ordnungen, die nach dem Zweiten Weltkrieg entstehen, verdanken sich in weiten Teilen dieser Tradition. Gleiches gilt für Studien- und Ausbildungsordnungen der vielfach in dieser Zeit neu gegründeten Institute für Kirchenmusik. Mit dem Volkslied des 19. Jahrhunderts und der Renaissance älterer Singformen zu Beginn des 20. Jahrhunderts erreicht das kirchliche Singen als gemeinschaftliches Singen in traditionellen Formen sicherlich einen Höhepunkt. Christoph Albrecht (1995, 64) hat das Zurücktreten des gemeinschaftlichen Singens zugunsten von solistischen Liedformen im Laufe des weiteren 20. Jahrhunderts daher nicht zu Unrecht als »hymnologisches Hauptübel unserer Generation« bezeichnet. Was für das kirchliche Singen gilt, stimmt sicherlich auch für das gemeinschaftliche Singen in anderen Kontexten.

3.11 »Danke für diesen guten Morgen«: Kirchliches Singen, Neues Geistliches Lied und Popkultur

In der hymnologiegeschichtlichen Literatur wird häufig Martin Gotthard Schneiders Lied *Danke für diesen guten Morgen* (EG 334) als das erste *Neue Geistliche Lied* (NGL) bezeichnet (vgl. zum NGL einführend Hahnen 2009 und Bubmann/Klek 2012, 193–210). Die Entstehungs- und Rezeptionsgeschichte dieses Liedes beschreibt gleichsam das Spannungsfeld zwischen Kirchenlied und Popkultur. Das Lied ging als Sieger aus einem Wettbewerb der Evangelischen Akademie Tutzing hervor. Mit der Ausschreibung war nicht nur die Erneuerung des in liturgischen Zusammenhängen gesungenen Liedguts intendiert. Vielmehr sollte auch umgekehrt populäre Musik komponiert und popkulturell vermarktet werden. Zunächst konnte das Danke-Lied tatsächlich auch in der Hitparade landen und wird bis heute auch außerhalb der Kirche rezipiert (z. B. von den *Toten Hosen* oder als Ballermann-Hit von *Mickie Krause*). Vielfach wurden für das Lied kasus-spezifische Texte für Hochzeiten oder Taufen entwickelt. In der kirchenmusikalischen und medialen Rezeption wurde das Lied dagegen häufig Gegenstand von Persiflagen, teilweise auch zum Inbegriff für die (vermeintliche) Banalisierung kirchlicher Musikkultur. Während die Neuen Geistlichen Lieder eine starke Rezeption innerhalb der Kirche, auch etwa im Rahmen von Kirchentagen, erfuhren, blieb ihr Einfluss auf die Popkultur außerhalb der Kirche eher gering. Das Neue Geistliche Lied bleibt letztlich ganz und gar Kirchenlied: ein Lied für den kirchlichen Gebrauch. Dabei bleibt das kirchliche Singen allerdings nicht auf den sonntäglichen Gottesdienst beschränkt, sondern findet wenigstens genauso häufig an anderen Orten, in anderen Gruppen statt. Der Kirchentag entwickelt sich nicht nur zum wesentlichen Ort zur Entwicklung und Erprobung neuer Kirchenlieder. Die Lieder werden zugleich treibende Kraft für neue Formen des Gottesdienstes und der Gemeindearbeit.

Spannungsfeld

Weitere Neue Geistliche Lieder, die stark in der Tradition des Schlagers stehen, entstanden in den 1960er Jahren. Diese Lieder fanden (noch) keinen Eingang in den Stammteil des Evangelischen Gesangbuchs, sondern in Regionalteilen und in ergänzenden Beiheften:

- *Ein Schiff, das sich Gemeinde nennt* (Martin Gotthard Schneider)
- *Stern über Bethlehem* (Alfred Hans Zoller)
- *Von guten Mächten wunderbar geborgen* (Fassung von Siegfried Fietz)

Pop-, Rock- und Beatmusik

Seit den 1970er Jahren werden Einflüsse aus Pop-, Rock- und Beatmusik deutlicher. Es entstehen Neue Geistliche Lieder im Stil des Sacropop, in denen die soziale Gemeinschaft, Frieden, Gerechtigkeit, Bewahrung der Schöpfung sowie weitere gesellschaftliche Themen eine große Rolle spielen. Musikalisch sind die Lieder nach einfachen Formen gestaltet, häufig als Strophenlied mit Refrain. Von den hier aufgeführten Liedern ist nur *Brich mit den Hungrigen dein Brot* im Stammteil des Evangelischen Gesangbuchs zu finden, alle weiteren wiederum in Regionalteilen und Beiheften:

- *Brich mit den Hungrigen dein Brot* (EG 420)
- *Unser Leben sei ein Fest*
- *Wenn das Brot, das wir teilen, als Rose blüht*
- *Wie ein Fest nach langer Trauer / So ist Versöhnung*
- *Wir strecken uns nach dir*
- *Wo Menschen sich vergessen / Da berühren sich Himmel und Erde*

Lieder von Peter Strauch *(Herr, wir bitten, komm und segne; Meine Zeit steht in deinen Händen)* und Manfred Siebald *(Ins Wasser fällt ein Stein; Geh unter der Gnade)* entstehen ebenfalls in den 1970er und 1980er Jahren. Sie sind musikalisch durchaus mit den zuvor genannten vergleichbar, stehen aber für eine Form der Textdichtung, die zunehmend an Einfluss gewinnt: Die Liedtexte entstehen teilweise als Übersetzung, teilweise als Neudichtung im Kontext evangelikaler Gemeinden bzw. Gottesdienstformen.

In den 1990er Jahren, nach Erscheinen des Evangelischen Gesangbuchs, stehen neben den großen gesellschaftlichen Themen, die das Neue Geistliche Lied bisher im Fokus hatte, vermehrt weitere Themen im Mittelpunkt. Die Texte thematisieren häufig die persönliche Gottesbeziehung und greifen auch wieder mehr direkt auf biblische Texte zurück. Die Musik orientiert sich weniger am Pop als an Jazz und Rock und ist häufig komplexer angelegt: mit Bandbegleitung, ausführlichen Intro- und Schlussteilen oder Varianten in den Strophen (z. B. Bridge). Beispielhaft wäre etwa *Ich seh empor zu den Bergen* (Text: Ute Passarge; Melodie: Andreas Lettau) zu nennen.

Christliche Popularmusik

Mit dem Neuen Geistlichen Lied liegt eine, insbesondere im europäischen und deutschsprachigen Kontext, sehr erfolgreiche und wirksame Form christlicher Popularmusik vor. Davon zu unterscheiden wären wenigstens der Bereich Spiritual und Gospel sowie verschiedene Formen des kirchlichen Singens im Bereich Lobpreis (vgl. Kapitel 3.12). Aber auch mit diesen Differenzierungen lässt sich das ganze Spektrum christlicher, von Popmusik und Popkultur beeinflusster Musik nicht vollständig beschreiben.

Peter Hahnen (2009) hat versucht, das Neue Geistliche Lied gegenüber anderen Formen christlicher Popularmusik abzugrenzen. Die Merkmale des Neuen Geistlichen Lieds, die Hahnen nennt, beschreiben jedoch weniger trennscharfe Grenzen zu anderen musikalischen Genres als Rahmenbedingungen für kirchliches Singen mit dem Neuen Geistlichen Lied: Dieses soll möglichst leicht reproduzierbar sein, eine möglichst einfache und vielfältige Instrumentierung zulassen und in unterschiedlichen gemeindlichen Kontexten seinen Ort haben.

Das Neue Geistliche Lied steht im Kontext der Popmusik seiner Zeit. Damit ist aber auch die Frage nach der Bedeutung von nicht für den liturgischen Gebrauch komponierter Popmusik für den Gottesdienst aufgeworfen. Die Frage stellt sich in besonderer Weise bei der Gestaltung von Kasualgottesdiensten (vgl. Kapitel 5.2), aber auch in anderen (gottesdienstlichen) Kontexten.

3.12 »Es gibt bedingungslose Liebe«: Kirchliches Singen und Lobpreis

Hymnisches Singen ist eine wesentliche Form des Singens im kirchlichen Raum, Doxologie eine wichtige Funktion des kirchlichen Singens innerhalb und außerhalb des Gottesdiensts (vgl. Kapitel 3.3). Insofern kann der Begriff Lobpreis in der Kapitelüberschrift zunächst einmal alle musikalischen Formen umfassen, die sich im Lob singend an Gott wenden. Musik mit solcher Funktion und Intention findet sich in allen christlichen Konfessionen zu allen Zeiten.

Darüber hinaus sind die Begriffe *Lobpreis, Worship, Anbetungs-* oder *Praise-Musik* in den letzten Jahrzehnten in spezifischer Weise zur Bezeichnung bestimmter musikalischer Stile und Formen verwendet worden. Im deutschsprachigen Kontext haben sich in jüngster Zeit vor allem die Bezeichnungen *Lobpreis* (so etwa Moselewski/Faix 2023) und *Anbetung(-smusik)* als übliche Bezeichnungen etabliert. Im Blick sind Singformen, die ihren ursprünglichen Ort in den anbetenden, liturgischen Feiern charismatischer Gemeinden, zunächst besonders in den USA, hatten. In den letzten Jahrzehnten haben sich diese allerdings international zu einer bedeutenden Form des kirchlichen Singens weit über die speziellen Gemeindeformen hinaus entwickelt. Schließlich ist die zeitgenössische

Lobpreismusik auch jenseits liturgischer Kontexte ein wichtiges Segment christlicher Pop- und Rockmusik.

Anfänge der Lobpreismusik liegen zum einen in der pfingstlichen Gottesdienstpraxis, die insbesondere an spontan singbaren, einfachen Liedern Interesse hatte. Wesentliche Elemente sind leicht wiederholbare Melodiefolgen, die eine breite Partizipation der Gemeinde am gottesdienstlichen Geschehen ermöglicht (vgl. Bachmann 2020). Charismatische Bewegungen innerhalb verschiedener Kirchen greifen seit den 1960er Jahren auf diese Musik zurück und etablieren häufig neben den Gottesdiensten an Sonn- und Feiertagen spezielle Lobpreisgottesdienste. Lobpreis ist so seit seinen Anfängen nicht in nur einfach eine spezifische Form des kirchlichen Singens, sondern hat seinen Ort besonders auch in neu- und umgestalteten liturgischen Formen.

Partizipation der Gemeinde

In der Frühzeit finden sich oft auch stilistische Anklänge an Gospel und Spiritual, spätestens seit den 1980er Jahren dominieren aber stärker Einflüsse aus der Popmusik. Während sich Ähnliches auch zum musikalischen Stil des Neuen Geistlichen Lieds sagen lässt, unterscheiden sich die Themen, die »Szenen« und Milieus sowie die Praxis des Singens doch deutlich. Daher finden sich in den landeskirchlichen Beiheften und Liederbüchern der 1980er Jahre auch kaum Lieder aus der charismatischen Lobpreisszene. Die im letzten Kapitel bereits erwähnten Lieder von Manfred Siebald und Peter Strauch stellen eine gewisse Ausnahme dar und sind in Form und Stil durchaus an den agendarischen, landeskirchlichen Gottesdienst anschlussfähig.

Pfingstbewegung

Erst in den 1990er Jahren gewinnen Pfingstbewegung und charismatische Bewegung insbesondere in freikirchlichen Kontexten auch im deutschsprachigen Raum stärker an Bedeutung. Zugleich können sich musikalische Formen, die international bereits seit längerem bekannt sind, nun auch im Europa der offenen Grenzen ausbreiten. Zu erwähnen sind in diesem Zusammenhang die verschiedenen Ausgaben des Liederbuchs »Du bist Herr« sowie die Reihe »Feiert Jesus«, die – ergänzt um entsprechende Tonträger und Begleitmaterial – zur schnellen Verbreitung der Praise-Musik führte. Um die Jahrtausendwende entstehen deutschsprachige Lieder, etwa von Judy Bailey (*Danke, Vater, für das Leben,* 2000), Albert Frey (*Anker in der Zeit,* 2000; *Unser Gott ist heilig,* 2005), Martin Pepper (*Allein deine Gnade genügt,* 1991; *Der Herr segne dich,* 2000) oder Lothar Kosse (*Du bist ein wunderbarer Hirt,* 2004; *Näher zu dir,* 2004), die mittlerweile auch den Weg in verschiedene landeskirchliche Liedersammlungen gefunden haben. Neben diesen deutschsprachigen Eigenkompositionen sind Übersetzungen und Originalfassungen aus der *Vineyard*-Bewegung oder der *Hillsong*-Gemeinde weit verbreitet.

Praxis des Singens

Lieder aus dem Bereich Lobpreis übersteigen häufig die Praxis des Singens in evangelisch-landeskirchlichen und katholischen Gottesdiensten: Zum einen lässt sich die Musik kaum als mit Orgel begleiteter Gemeindegesang darstellen; Klavier, Band und stilerprobte Solisten sind nicht einfach zu ersetzen. Hinzu kommt, dass Lobpreis häufig eine andere liturgische Praxis voraussetzt, die sich im regelmäßigen Wechsel zwischen Text und Musik agendarischer Gottesdienste weniger abbilden lässt: In einer Phase des lobpreisenden Singens folgt Lied auf Lied. Zum anderen haben einige Akteure der Lobpreisszene gerade in jüngerer Zeit den Rahmen gottesdienstlicher Feiern verlassen. Häufig setzen internationale Produktion und internationales Marketing auf große Aufführungen in »Megachurches« und Konzerthallen.

Gerade weil mit Lobpreis nicht ein bestimmter musikalischer Stil, sondern in besonderer Weise bestimmte theologische und liturgische Positionen verbunden sind, gab es von verschiedener Seite immer wieder kritische Rückfragen:

Kritische Rückfragen

- Fokussiert sich Lobpreis zu einseitig auf bestimmte Fragen der persönlichen Glaubenserfahrung während viele gesellschaftliche Herausforderungen sowie Aspekte der christlichen Gemeinschaft und bestimmte theologische Fragestellungen ausgeblendet werden?
- Übersieht der weithin lobende Charakter der Lieder nicht die theologisch und liturgisch grundlegende Dimension der Klage?
- Fokussiert sich die Lobpreisszene zu sehr auf den internationalen, englischsprachigen »Markt« und entwickelt zu wenige verständliche Lieder in anderen Sprachen?
- Führt die Praxis Lobpreisphasen mit mehreren, nacheinander gesungen Liedern zu einer dramaturgischen Verflachung von Gottesdiensten?

In diesen Anfragen spiegeln sich nicht zuletzt die je eigenen ästhetischen, liturgischen und theologischen Positionen wider. Diese Positionen sind mittlerweile auch Gegenstand intensiver theologischer Reflexion zum Thema Lobpreis (vgl. Baltes 2005; Baltes 2006; Baltes 2020; Bubmann 2014a; Faix u. a. 2020; Herbst 2020; Moselewski/Faix 2023 sowie Seidel-Humburger u. a. 2020).

Ganz sicher liegt mit den Lobpreisliedern eine bedeutende Form kirchlichen Singens in der Gegenwart vor, die sich auch als spezielle

Form des hymnischen Singens verstehen lässt. Lobpreis ist mit seiner an gegenwärtigen popmusikalischen Formen angelegten Stilistik höchst anschlussfähig an die Hörgewohnheiten der Gegenwart und wird daher auch jenseits liturgischer Kontexte gehört. Zugleich zeigen sich am Beispiel Lobpreis auch Grenzen der Stilvielfalt, die in bestimmten gottesdienstlichen Formen für eine Zielgruppe oder Gemeinde durch eine Musikerin abzubilden ist.

3.13 »Vertraut den neuen Wegen«: Kirchliches Singen in Gegenwart und Zukunft

Nicht alle seit 1960 neu entstandenen Lieder sind den Formen Neues Geistliches Lied oder Lobpreis zuzuordnen. Wie in der populären Musik insgesamt finden sich sehr unterschiedliche musikalische Genres und Singformen nebeneinander. Teilweise entstehen Lieder für bestimmte liturgische Formen oder innerhalb bestimmter (konfessioneller) Prägungen. Teilweise werden Lieder verschiedener Stile aber auch innerhalb desselben gottesdienstlichen Zusammenhangs gesungen. Eine Beschreibung oder sogar Kategorisierung fällt auch deswegen nicht leicht, weil verschiedene Stile miteinander kombiniert werden bzw. sich überschneiden. Im Folgenden sollen einige verbreitete Liedformen kurz an Beispielen vorgestellt werden (vgl. auch hier Marti 2021b, 165–172).

Liedformen

Zunächst einmal entstehen neben dem Neuen Geistlichen Lied solche Lieder, die stilistisch eher traditionell angelegt sind und dabei einen gewissen »klassischen kirchlichen Stil« prägen: Sie lassen sich gut mit der Orgel begleiten, sind in der Regel als Strophenlied konzipiert und greifen teilweise sogar auf Kirchentonarten zurück. Sie sind häufig im besten Sinne »Gebrauchsmusik«, die aktuelle Themen aus Kirche und Gesellschaft aufgreift. Bekannte Beispiele sind:

Gebrauchsmusik

- *Gib uns Frieden jeden Tag* (EG 425; 1963)
- *Hilf, Herr, meines Lebens* (EG 419; 1962)
- *Komm, Herr, segne uns* (EG 170; 1978)

Zu den Liedern, die sich musikalisch und im Strophenbau an eher traditionellen Formen orientieren, gehören auch:

- *Herr, deine Liebe ist wie Gras und Ufer* (1968)
- *Ich lobe meinen Gott von ganzem Herzen* (EG 272; 1976)
- *Selig seid ihr* (1979)

Neben diesen Liedern mit neuem Text und neuer Melodie finden sich häufiger auch Neutextierungen auf bekannte Kirchenliedmelodien:

Neutextierungen

- *Dank sei dir, Vater* (EG 227; Text: 1970; Melodie: 1640)
- *Vertraut den neuen Wegen* (EG 395; Text: 1989; Melodie: 1535)

In den Bereich der eher klassischen Formen, die allerdings innerhalb und außerhalb des Gottesdienstes gesungen werden, gehören auch Kanons.

Typisch für die Liedproduktion seit den 1970er Jahren ist zudem das Aufgreifen von Liedern aus anderen Sprachen und Ländern. Unter diesem Sammelbegriff lassen sich Lieder aus ganz unterschiedlichen textlichen und musikalischen Zusammenhängen summieren, die gerade in kein einheitliches Genre einzuordnen sind. Von diesen Liedern sind im Zuge weltweiter ökumenischer Bewegungen auch viele im Stammteil des Evangelischen Gesangbuchs aufgenommen:

- *Der Tag, mein Gott, ist nun vergangen* (EG 266)
- *Komm, sag es allen weiter* (EG 225)
- *Erd und Himmel sollen singen* (EG 499)
- *Kommt mit Gaben und Lobgesang* (EG 229)
- *Ich steh' vor dir mit leeren Händen, Herr* (EG 382)
- *Korn, das in die Erde* (EG 98)
- *Strahlen brechen viele* (EG 268)
- *Holz auf Jesu Schulter* (EG 97)
- *Er ist erstanden* (EG 116)
- *Bewahre uns, Gott* (EG 171)
- *Agios o Theos* (EG 185.4)
- *Kyrie* (EG 178.9)
- *Halleluja* (EG 181.4)

Die zuletzt genannten Gesänge aus der orthodoxen Tradition stehen nicht nur beispielhaft für musikalische Einflüsse aus anderen Ländern und liturgischen Prägungen. Sie reihen sich zugleich in eine Vielzahl von liturgischen Gesängen ein, die in den letzten Jahrzehnten neu entstanden sind. Besondere Bedeutung kommt dabei den Gesängen aus Taizé zu, die seit den 1960er Jahren für Tagzeitengebete und weitere Gottesdienstformen weite Verbreitung finden. Die Gesänge zeichnen sich durch einprägsame Melodien, häufig auch singbar in mehrstimmigen Chorsätzen, aus. Sie sind auf Wiederholung ausgelegt und erzeugen so in verschiedenen liturgischen Zusammenhängen eine meditative Stimmung. Die Texte entstammen häufig der Bibel und liegen in der Regel in vielen Sprachen vor.

Gesänge aus Taizé

Die Musik kann unbegleitet gesungen werden, lässt sich aber auch mit verschiedenen Instrumenten leicht begleiten. Beispielhaft sind aus dem Evangelischen Gesangbuch das *Kyrie eleison* (EG 178.12) und das *Laudate omnes gentes* (EG 181.6) zu nennen.

In verschiedenen Kommunitäten entstehen weitere neue Gesänge für bestimmte liturgische Formate. Verbreitet sind etwa die Gesänge der Kommunität Gnadenthal (z. B. EG Hessen 580: *Dass du mich einstimmen lässt*) oder die Gesänge aus Iona (abgedruckt z. B. im hessischen Beiheft *EG Plus*). Schon die liturgischen Stücke im Evangelischen Gesangbuch (EG 177–192) entstammen sehr unterschiedlichen Stilrichtungen, Epochen und liturgischen Zusammenhängen. Alternative gottesdienstliche Formate wie die Thomasmesse, das Feierabendmahl oder auch die Weltgebetstage lassen neue liturgische Gesänge entstehen – die Anhänge und ergänzenden Beihefte zu den Gesangbüchern bilden davon ein breites Spektrum ab.

Liturgische Stücke

Der historische Längsschnitt und der Querschnitt durch verschiedene Stile in der Gegenwart zeigen die große Vielfalt kirchlichen Singens. Zugleich stellt diese Vielfalt aber vor Herausforderungen – nicht nur bei der konkreten Liedauswahl für den Gottesdienst (vgl. Kapitel 6.1). Immer wieder stoßen neue Lieder und die sich wandelnde Singpraxis die Erarbeitung neuer Liederbücher und Beihefte zu bestehenden Gesangbüchern, wie etwa *EG Plus* (in den hessischen Kirchen), *Himmel, Erde, Luft und Meer* (in der Nordkirche) oder *Wo wir dich loben, wachsen neue Lieder* (Kirchen in Baden und Württemberg) und auch die Erstellung komplett neuer Gesangbücher (vgl. Kapitel 4.3) an.

3.14 Singen, Kirchenlied, kirchliches Singen

Die Abschnitte dieses Kapitels können nur höchst skizzenhaft Einblicke in die Gestalt *(deskriptive/systematische Hymnologie)*, die Geschichte *(historische Hymnologie)* und die Praxis des Kirchenlieds *(praktische Hymnologie)* geben. Das hier Ausgeführte und die genannte weiterführende Literatur sollen die Vielfalt kirchlichen Singens vor Augen führen und damit Grundlagen für die weiterführenden Fragen der nächsten Kapitel bieten.

Vielfalt kirchlichen Singens

Wenn wir vom Singen und der gestaltenden Kraft von Kirchenmusik und Kirchenlied in Gottesdienst und Gemeindearbeit sprechen, dann gilt es zunächst einmal, diese Vielfalt systematisch, historisch und praktisch wahrzunehmen. Denn »unter den Bedingungen der Individualisierung und Pluralisierung wäre es [...] fatal, wenn Gruppen, die ›unter sich‹ das Gefühl haben, in der Mehrheit zu sein, übersehen, dass sie in der Kirche Jesu Christi eben nur eine Möglichkeit unter vielen repräsentieren. Jedes kulturelle Segment hat aber die Neigung, das eigene Milieu für das ›Normale‹ und daher auch Maßstabsetzende zu halten. Auch das gilt für traditionell-hochkulturelle Milieus in gleicher Weise wie für jugendlich-populärkulturelle Kohorten« (Herbst 2020, 21).

Was für einzelne Milieus gilt, trifft in besondere Weise für das Singen im ökumenischen Kontext zu. Zur Rolle des Kirchenlieds in der anglikanischen und römisch-katholischen Tradition wurden einige Aspekte in Kapitel 3.9 angedeutet, der zunehmende internationale Einfluss auf das ökumenische Singen wurde in Kapitel 3.11 erwähnt (vgl. einführend in die anglikanischen Hymnen Bradley 1997 und Eskew/McElrath 1995, zur katholischen Lied- und Gesangbuchtradition Kopp u. a. 2020, Kurzke/Neuhaus 2003 und Walter/Urban 2017 sowie Krummacher 2020, § 14 als Überblick). Häufig wurde das Kirchenlied zur konfessionellen Abgrenzung bzw. Festigung der eigenen konfessionellen Identität (vgl. Kapitel 3.6) verwendet: Das Lied der Reformation grenzt sich von der Praxis des katholischen Singens ab, innerprotestantisch gibt es höchst unterschiedliche Vorstellungen zwischen Refomierten und Lutheranern, die liturgischen Gesänge der orthodoxen Tradition stehen für eine ganz bestimmte liturgische Form. Vor diesem Hintergrund ist die Gründung der »Arbeitsgemeinschaft für ökumenisches Liedgut« (AÖL; http://www.oe-lieder.eu/) im Jahr 1969 auf Initiative der katholischen Kirche besonders hervorzuheben. Die Arbeitsgemeinschaft erarbeitet ökumenische Lied- und Textfassungen für den gesamten deutschsprachigen Raum und fördert damit die Gesangbucharbeit in den verschiedenen Konfessionen. Entsprechende ökumenische Fassungen von Kirchenliedern sind beispielsweise im Evangelischen Gesangbuch und im Gotteslob durch ein »ö« gekennzeichnet. Ähnliche Initiativen findet man in anderen Ländern und Sprachtraditionen – Kirchenlieder sind in der Gegenwart mehr denn je Brücke zwischen den Konfessionen.

Aspekte der Liedauswahl: Situation, Funktion, Atmosphäre, Dramaturgie, Inhalt

In Abschnitt 3.1 wurde auf die Relevanz einer Reflexion von Situation, Funktion und Atmosphäre für die musikalische Gestaltung von Gottesdiensten hingewiesen. Die Vielfalt des Kirchenlieds und der Formen kirchlichen Singens stellt nun weitere Herausforderungen: Entscheiden wir uns, der Vielfalt der Stile in Gottesdienst und Gemeindearbeit Raum zu geben oder konzentrieren wir uns auf ausgewählte, einzelne Stile und damit auch Milieus? Die Auswahl von Liedern und Musik wird so zu einem bedeutenden Aspekt der liturgischen Inszenierung insgesamt sowie ihrer Dramaturgie (vgl. Bubmann 2014b sowie Kapitel 5.1). Für die Liedauswahl gilt es daher, neben der *Situation,* der *Funktion* und der *Atmosphäre* auch die intendierte *Dramaturgie* zu beachten. Zusätzlich zu diesen vier Aspekten ist die Notwendigkeit eines *inhaltlichen bzw. sachlichen Bezugs* eines Liedes zum (liturgischen) Kontext offensichtlich, wobei es sich hierbei in gewisser Weise um einen übergeordneten Aspekt handelt: Eine inhaltlich passende Liedauswahl drückt sich in der Regel dadurch aus, dass sie der Situation und Atmosphäre angemessen ist, eine bestimmte Funktion erfüllt und Teil eines dramaturgischen Entwurfs ist. Daneben sind die grundsätzlichen Aspekte bzw. Formen des Singens im gottesdienstlichen Kontext zu bedenken, die zu Beginn dieses Kapitels behandelt wurden. (Kapitel 3.2–3.5: *liturgisches Singen, hymnisches Singen, Singen als Predigt und Gebet*).

Lieder und Gesänge können gezielt in bestimmten Gruppen und Milieus gesungen werden, sie können sogar zu deren Identitätsmarker werden – »unser Lied«. Zugleich stellen sich bei aller Ausdifferenzierung und Individualität auch immer Fragen nach verbindenden Formen und gemeinsamer Praxis des kirchlichen Singens: Mit welchen Liedern ist eine gemeinsame gottesdienstliche Feier, in welchen Formen ist gemeinsames Singen möglich? Jenseits der historischen, situativen und formalen Einordnung einzelner Lieder scheint das, was Manfred Josuttis mit »präparativer Valenz« bezeichnet hat, dabei grundsätzlich: »Welche Weltsicht enthalten die Lieder? Welche Horizonte schließen sie auf? In welche Wirklichkeiten führen sie ein? Was tragen sie zur Erweiterung von Bewußtsein und Identität der Gemeinde bei?« (1991, 202). Bei der Liedauswahl in einer konkreten Situation, beim gemeinschaftlichen Singen und nicht zuletzt bei der Erarbeitung von Gesangbüchern und Liedersammlungen stellt sich diese Frage immer wieder neu.

Wirkung der Aufführung

Schließlich gilt es auch zu bedenken, dass Musik zwar sorgfältig und kenntnisreich ausgewählt werden kann, die Wirkung der konkreten »Aufführung« dennoch nicht gänzlich gesteuert werden kann. Bernhard Leube (2012, 149) hat darauf nachdrücklich hingewiesen:

> In der Alltagssprache heißt es: Wir singen ein Lied. ›Wir‹ sind Subjekt, das Lied ist Objekt. Wenn wir aber ein geistliches Lied singen, dreht sich die Figur. Das Lied wird zum Subjekt, das uns anredet und zu seinem Objekt werden lässt, insofern wir gleichzeitig zum Hörer des-

sen werden, was wir singen. Singen affiziert, hinterlässt Spuren, prägt und formt. Die Auseinandersetzungen um das ›alte‹ oder ›neue‹ Lied sind oft so heftig, weil ein genaues Gespür dafür da ist, dass, wer singt, dabei auch zum Objekt wird, dass etwas mit ihm geschieht. Genau darin kann das Lied aber zum Evangelium werden und die singende Person aufwerten, von Gott nicht nur angeredet, sondern sogar leiblich berührt und verwandelt.

4 Update

Außen-
perspektive

Kapitel 3 hat hymnologische, musikgeschichtliche, liturgische und theologische Aspekte des kirchlichen Singens miteinander ins Gespräch gebracht. Dabei wurde um des Überblicks willen bewusst der Blick »nach innen«, auf das Singen im Raum der Kirche, gerichtet. Kapitel 4 beginnt nun mit einem Update, das »von außen« auf die kirchenmusikalische Praxis schaut: Wie lässt sich die Erfahrung des Singens empirisch erfassen und wie nimmt gegenwärtige (Praktische) Theologie das Singen wahr (4.1)? Der folgende Abschnitt benennt exemplarisch zwei besondere Herausforderungen für Kirchenmusik und kirchliches Singen: Digitalisierung und Multiprofessionalität (4.2). Im dritten Teil des Updates blickt Frieder Dehlinger, Pfarrer an der Hochschule für Kirchenmusik in Tübingen, auf die Entwicklung des kirchlichen Singens, auch auf dem Weg zu einem neuen (evangelischen) Gesangbuch.

4.1 Wie und warum singen wir? Praktisch-theologische Diskurse

Kirchliches Singen empirisch

Schon der Überblick des letzten Kapitels zeigt: Es mangelt nicht an Positionen, die sehr genau bestimmen, wer, warum, auf welche Art und Weise und wozu im Raum der Kirche singt bzw. singen sollte. Nicht nur Liederdichter und Komponistinnen, sondern auch Texte von kirchenleitenden Organen sprechen von einer »Gleichrangigkeit des gesungenen mit dem gesprochenen Wort«, an dem »alle Glaubenden Anteil gewinnen« sollen, da es in diesem Sinn dann ein »gesungenes Priestertum aller Getauften« gebe (Kirche klingt 2009, 5). Das schon häufiger zitierte Statement Christoph Albrechts vom Singen als »Kennzeichen der christlichen Gemeinden« reiht sich in die Liste der theologischen Positionierungen zu Singen und Kirchenmusik ebenfalls ein. Die altbekannte Klage vergangener Jahrhunderte über den ungenügenden Gemeindegesang wird in der Gegenwart häufig noch überboten: Kirchenmusikerinnen und Pfarrer äußern die Befürchtung, der Gemeindegesang verstumme zunehmend ganz (vgl. Bretschneider 2005). Ist das tatsächlich so?

Praktisch-theologische und musikwissenschaftliche Studien

Erst in den letzten drei Jahrzehnten haben praktisch-theologische und musikwissenschaftliche Studien das kirchliche Singen empirisch detaillierter untersucht. Von grundlegender Bedeutung ist dabei die von der Liturgischen Konferenz der EKD beauftragte Befragung zu »Singen im Gottesdienst«, die 2008/2009 durchgeführt wurde. Die umfangreich dokumentierte Studie (Danzeglocke u.a. 2011) befragt Teilnehmende an Sonntagsgottesdiensten und analysiert die Bedeutung des Singens für diese Gruppe. Die Verantwortlichen für die Studie räumen zwar selbst ein, dass vermutlich gewisse Einschränkungen in der Repräsentativität berücksichtigt werden müssen – die Studie fand in einer bestimmten Region, zu einer gewissen Kirchenjahreszeit mit einer »typischen« landeskirchlichen Sonntagsgemeinde statt. Trotzdem bringt die Studie interessante Ergebnisse zu Tage, die in verschiedener Hinsicht bestimmten theologischen Positionierungen und persönlichen Wahrnehmungen widersprechen:

Landeskirchliche Sonntagsgemeinde

> Die Motivation, im Gottesdienst zu singen, sowie die Selbstwahrnehmung des Singens in der Gemeinde sind deutlich besser als vermutet. Die Klage über schlechten Gemeindegesang müsste zumindest partiell korrigiert bzw. daraufhin spezifiziert werden, wann und wo unter welchen Bedingungen der Gemeindegesang gut oder schlecht ist. [...] Die Kirche bzw. der Gottesdienst ist mit Abstand die häufigste und damit vielleicht auch wichtigste Gelegenheit zum Singen. [...] Insbesondere in Hinblick auf die jüngeren Generationen und deren musikalische Sozialisation/Präferenzen sollte die Ausbildung von Kirchenmusikern vielseitig sein und ein breites Spektrum an Musikstilen umfassen. Dazu gehört auf jeden Fall die Pop- und Rockmusik ebenso wie die traditionelle Kirchenmusik. Die Pluralität musikalischer Stile sollte auch ein wesentliches Element der Gottesdienstgestaltung sein. [...] Eine wichtige Aufgabe und Herausforderung der kirchenmusikalischen Ausbildung besteht darin, eine musikalische Vielseitigkeit zu vermitteln, die es erlaubt, sowohl jüngere, popmusikalische Formen des Gemeindegesangs als auch traditionelle Formen der Kirchenmusik (Choräle, Kirchenlieder) anzuleiten und musikalisch adäquat zu begleiten. Es werden in Zukunft auch in wachsendem Maße Kompetenzen in der Vermittlung von Musik benötigt, um die Tradition der an

> der klassischen Musik orientierten Kirchenmusik zu erhalten. Da auch im Gottesdienst emotionale und soziale Wirkungen von Musik und des Singens eine wichtige Rolle spielen, ist Musik ein wichtiger Faktor für das emotionale Erleben im Gottesdienst. (Heye u. a. 2011, 55 f.)

Intensiv hat sich Jochen Kaiser mit der empirischen und ethnographischen Untersuchung kirchlichen Singens beschäftigt und damit ein völlig neues Feld für hymnologisches Arbeiten erschlossen. Die grundlegende Studie Kaisers (2017) untersucht nicht nur gesungene Lieder in ganz unterschiedlichen *settings* – vom Sonntagsgottesdienst über Formen des Gemeindesingens bis hin zu Kirchentagsformaten. Sie bietet auch phänomenologische Annäherungen an das Singen, das als ästhetische Kommunikation verstanden wird. Kaisers Studie hat die in der Praktischen Theologie schon seit längerer Zeit vollzogene empirische Wende für die Hymnologie in innovativer Weise fruchtbar gemacht. Damit hat er neben der Analyse von Text und Musik des Kirchenlieds die Bedeutung der jeweiligen Rezeption, den performativen Aspekt des konkreten Singens in einer »erlebnisorientierten Liedanalyse« (Kaiser 2014b; vgl. auch Kaiser 2020 und 2021) hervorgehoben. In diesem Rahmen entwickelt er für die Beschreibung der Erfahrungen beim Singen von Kirchenliedern fünf Dimensionen einer »ethnomusikologischen Funktionsanalyse«:

Empirische Hymnologie

- Erleben aus religiös-transzendierender Sicht
- Erleben aus kommunikativer Sicht
- Erleben aus ästhetischer Sicht
- Erleben aus psychologischer Sicht
- Erleben aus sozialer Sicht

Während die empirische Studie zum Singen im Gottesdienst einen breiten Blick in die Praxis und Selbstwahrnehmung der singenden Gemeinde geworfen hat, liegt mit den Arbeiten Jochen Kaisers ein wissenschaftlich fundierter Ansatz vor, der (emotionales) Musikerleben als unhintergehbaren Bestandteil hymnologischer Arbeit beschreibt.

Insbesondere mit Blick auf Singen und Musik im Raum der Kirchen sind weiterhin milieutheoretische Ansätze bedeutsam (vgl. den Überblick bei Bubmann 2008). So greifen einige Studien auf die von Gerhard Schulze (1992; vgl. mit Blick auf Kasualmusik dazu Hauschildt 2000) entwickelte Differenzierung verschiedener Milieus zurück, um musikalische Vorlieben für gottesdienstliches Erleben zu beschreiben. Der Perspektivwechsel vom musikalischen Werk hin zur singenden Gemeinde und ihrer

Milieuspezifische Vorlieben

Zuordnung zu Milieus (z. B. Niveau-, Unterhaltungs-, Harmoniemilieu) befördert die liturgische Diskussion, stellt aber zugleich vor Herausforderungen. Es schließt sich die Frage an, ob Singen und Kirchenmusik milieuspezifisch angeboten werden sollen oder ob gerade das Feld der Musik als Ort der Verständigung über Milieugrenzen hinweg verstanden werden soll:

> Oder man verstärkt die Versuche, die verschiedenen Milieus einerseits in ihrer Eigenständigkeit zu pflegen und zu fördern, andererseits kulturelle Lernprozesse zwischen den Milieus zu initiieren und ein Minimum geteilter Religionskultur zu vermitteln. Ziel wäre die gegenseitige Verständigung oder wenigstens das gegenseitige Aushalten, worin die Kirche auch zum Modell für die Gesellschaft werden könnte. Das protestantische Ökumene-Modell der versöhnten Verschiedenheit ist also auch auf die innerkirchlichen interkulturellen Begegnungen zwischen kirchlichen Milieus anzuwenden. Dazu muss es pädagogisch gewendet werden: Die Begegnung mit der milieufremden, andersartigen Weise, religiöser Erfahrung Ausdruck zu verleihen, wird zu einer besonderen Herausforderung kirchlicher Bildungsarbeit. Eine plurale Volkskirche ist mehr als alle anderen Kirchenformen auf Orte der Begegnung der Verschiedenen und auf das Erlernen gemeinsam geteilter Symbolbestände angewiesen. Diese Herausforderung anzunehmen, ist eine vorrangige Aufgabe für alle Bildungseinrichtungen christlicher Gemeinden und religiöser Bildung, von der Kindestagesstätte, über den Schulunterricht und die Jugendarbeit bis hin zur Evangelischen Akademie. (Bubmann 2008, 97)

Verschiedene Studien zum Singen im Gottesdienst (Kerner 2009; Vollmer Mateus 2005) sowie zum Gebrauch von Gesangbüchern zeigen die weiterhin hohe Bedeutung des Singens im Gottesdienst. Die impressive und expressive Funktion des Singens wird ebenso deutlich wie die Bedeutung des Gemeindegesangs für die »Tradierung der christlichen Botschaft in einer Zeit der rasanten Kulturvergessenheit« (Bretschneider 2005, 48). Um Kirchenlieder zu analysieren und kirchliches Singen zu gestalten, genügt es daher nicht, Texte und Musik historisch und systematisch einzuordnen. Vielmehr muss eine Doppelfrage für das kirchliche Singen gestellt werden –ganz gleich, ob es dabei um Lieder der Gegenwart oder der kirchlichen Tradition geht: Wie und warum wird gesungen?

Theologische Bestimmungen kirchlichen Singens

Was lässt sich über Singen und Kirchenmusik sowie über Musik in einem weiteren Sinne theologisch sagen? Vor drei Jahrzehnten hat Henning Schröer (1993) festgestellt, dass Musik »ein noch viel zu wenig erkanntes wesentliches theologisches Thema« (21) sei. Die Wahrnehmung schien zutreffend, wurde sie im deutschsprachigen Raum doch erst über ein Jahrzehnt später erneut Ausgangspunkt für eine umfangreichere theologische Reflexion. Der im Jahr 2005 erschienene Sammelband »Kirchenmusik als religiöse Praxis. Praktisch-theologisches Handbuch zur Kirchenmusik« betont gleich zu Beginn, dass die (Praktische) Theologie das Feld der »Kirchenmusik zunehmend aus den Augen verloren« (Fermor/Schroeter-Wittke 2005, 7) habe. Das Buch macht es sich daher zur Aufgabe, Kirchenmusik und Praktische Theologie wieder ins Gespräch zu bringen, allerdings nicht, indem in erster Linie kirchenmusikalische Formen theologisch analysiert werden. Der erste Hauptteil beginnt stattdessen mit einem ästhetischen und phänomenologischen Blick auf Musik als verbreitete kulturelle Praxis. Hören, Rhythmus, Atmosphäre und auch Singen kommen als Phänomene in den Blick, die ganz und gar nicht auf den Raum der Kirchen beschränkt sind. Ausgehend von diesem weiten Horizont untersucht der umfangreiche zweite Teil dann Kirchenmusik als Praktische Theologie in verschiedenen Kontexten:

Kirchenmusik und Praktische Theologie

- Verkündigung und Kommunikation (u. a. Gottesdienst, Kasualien)
- Bildung und Sozialisation (u. a. Konfirmanden- und Jugendarbeit, Gemeindepädagogik)
- Seelsorge und Diakonie
- Leitung und Organisation (u. a. im Kontext von Kirchenleitung und allgemeinem Konzertbetrieb)

Der äußerst vielschichtige Band erschließt bewusst unterschiedliche Phänomene, die kirchenmusikalisch relevant sind und je unterschiedliche Aspekte von Kirchenmusik profilieren. Praktische Theologie betrachtet in dieser Hinsicht musikalische Phänomene als religiöse Praxis und verzichtet daher konsequenterweise auf eine systematische Entfaltung eines bestimmten, eindimensionalen theologischen Kirchenmusikbegriffs.

Musikalische Phänomene als religiöse Praxis

In diesem Sinn versteht Peter Bubmann Kirchenmusik nicht nur als eine Form gelebter religiöser Praxis, sondern beschreibt das Singen als »Modell der christlichen Spiritualität bzw. Frömmigkeit« (2014c, 15; vgl. auch Eggebrecht 1996). Das Modellhafte zeige sich gerade daran, dass sich hier »exemplarisch wesentliche Aspekte christlicher Frömmigkeit und Lebenskunst« verdichten. Bubmann findet im Singen alle »Grunddimensionen christlicher Lebenskunst« (17) wieder:

Frömmigkeit und Lebenskunst

- Gottesdienstliches Feiern und christliche Spiritualität *(leiturgia)*
- Bezeugung des Evangeliums durch Singen *(martyria)*
- Gemeinschaftsbildung *(koinonia)* zwischen persönlichem, kirchlichem und öffentlichem Christentum
- Persönlichkeits- und Herzensbildung *(paideia)*
- Hilfe zum Leben und Seelsorge *(diakonia)*

Ausgehend von diesen vielfältigen Funktionen des Singens innerhalb des christlichen Lebens folgt für Bubmann eine notwendige Neubestimmung der Hymnologie als der Disziplin innerhalb der Praktischen Theologie, die das kirchliche Singen in umfassendem Sinn und nicht nur das Kirchenlied in historischer und systematischer Perspektive untersucht:

> Die Hymnologie dürfte sich dann allerdings auch nicht vorrangig als geschichtliches Fach verstehen, sondern als kulturanthropologisch informierte Disziplin, die sich allen Formen des gegenwärtigen Singens und Musikhörens im Kontext der Kirche zuwendet. (2014c, 23)

Hymnologie und Kulturanthropologie

Weitere Publikationen in den Folgejahren schärfen diesen Blick; beispielhaft sind das Themenheft mit dem Titel »Musik in der Kirche« der »Zeitschrift für Praktische Theologie« (darin: Bubmann 2008; Kennel 2008), das »Handbuch Praktische Theologie« (darin: Bubmann 2007) sowie der Sammelband »Praktische Theologie und Musik« (Bubmann/Weyel 2012) zu erwähnen. Kirchenmusik kommt als eine Form der *Kommunikation des Evangeliums* in den Blick und rückt in vielfältigen Formen als religiöse Praxis in den Fokus Praktischer Theologie.

Kommunikation des Evangeliums

Christoph Krummachers Kompendium »Kirchenmusik« (2020) ist dagegen durch jahrzehntelange Praxis, Forschung und Lehre im Bereich der Kirchenmusik stärker geprägt. Der Band erscheint in einer dezidiert theologischen Grundlagenreihe und signalisiert allein dadurch, dass das Thema (wieder) deutlicher im theologischen Diskurs verankert ist. Krummacher beschreibt Kirchenmusik ebenfalls als Teil des kirchlichen Verkündigungsauftrags, versteht sie als Kommunikation des Evangeliums. Das umfangreiche Grundlagenwerk verbindet praktisch-theologische, liturgische und musikwissenschaftliche, musikästhetische und musikgeschichtliche Perspektiven mit konkreten Blicken in die kirchenmusikalische Praxis der Gegenwart: Kirchenmusik wird bei Krummacher

Kirchenmusik als Kommunikation des Evangeliums

Gemeindeaufbau

nicht nur als integraler Bestandteil der gottesdienstlichen Praxis, sondern auch als Aspekt von Gemeindeaufbau (im Bereich Bildung und Seelsorge) und Teil der öffentlichen Kultur in der (säkularen) Gesellschaft beschrieben.

Mit diesem multiperspektivischen Zugang überwindet Krummacher allzu einfache Bestimmungen von Kirchenmusik, die diese als Sonderform beschreibt, die sich im Wesentlichen durch Abgrenzungen definiert:

- geistliche gegenüber weltlicher Musik,
- Musik, die für den liturgischen Gebrauch oder für andere Anlässe komponiert wurde,
- Musik bestimmter Stile und Komponisten sowie bestimmte Formen der Hochkultur, beispielsweise gegenüber einer volkstümlichen oder populären Kultur.

Kritik an Pop- und Rockmusik

Das verdient schon deshalb Erwähnung, weil wenigstens die zuletzt genannte Alternative für weite Teile der Kirchenmusik nach dem Zweiten Weltkrieg als entschieden gilt. Schaut man in das theologisch und musikwissenschaftlich hoch reflektierte Grundlagenwerk »Theologie der Musik« von Oskar Söhngen (1967), ist die Position klar bestimmt: Kirchenmusik hat mit Johann Sebastian Bach einen Höhepunkt gefunden, schon die Musik des 19. und 20. Jahrhunderts gilt als weniger wertvoll – musikalisch wie theologisch. Während sich Söhngen zu diesem Zeitpunkt noch nicht mit musikalischen Einflüssen aus der Popkultur auseinandersetze, sieht es Christoph Albrecht (1995, 95) als Selbstverständlichkeit an, dass »sich die Musik im Gottesdienst über das Niveau einer platten Unterhaltungsmusik erhebt.« Und der spätere Papst Benedikt XVI. kann zur selben Zeit Pop- und Rockmusik insgesamt als »wilde Ekstase des Lärms und der Masse« (zitiert nach Pirner 2009, 213) bezeichnen.

Hochkultur

Die bei Söhngen formulierte Position wurde prägend für die Kirchenmusik der folgenden Jahrzehnte, bestimmte Agenden und liturgische Entwürfe, und auch das Selbstverständnis der kirchenmusikalischen Ausbildung und des Studiums. Kirchenmusik wurde verstanden als eine bestimmte Form der Hochkultur, geprägt von bestimmten Komponisten und Stilen, abgegrenzt von Formen populärer und volkstümlicher Kultur. Es ist offensichtlich, dass hier eine bestimmte Musikästhetik, die eigenen Vorlieben entspricht, mit musikwissenschaftlichen und theologischen Kategorien gerechtfertigt wird – das gilt für die 1960er Jahre wie für die 1990er Jahre genauso wie teilweise für die Gegenwart. Beim Nachdenken über Musik und Kirchenmusik muss daher immer auch eine »bewusste

Bereitschaft zur Distanzierung von der eigenen musikalischen Sozialisation und den eigenen Musikvorlieben« (Pirner 2009, 213) vorausgesetzt werden – und zwar in alle denkbaren Richtungen.

Im Gegensatz zur Einengung von Kirchenmusik auf bestimmte Formen und Stile, lässt sich mit Manfred Pirner (2009, 214) festhalten, dass Musik kultur- und epochenübergreifend transzendierende, über die vorfindliche Wirklichkeit hinausweisende Dimensionen hat:

Transzendierende Dimension

- »Erfahrung der schöpferischen Kreativität und Freiheit im musikalischen Schaffen und deren Unverfügbarkeit«,
- »Bewusstseinserweiterung durch meditative oder ekstatische Musik bis hin zu einer mystischen Erfahrung«,
- »Gemeinschafts- und Einheitsgefühl im gemeinsamen Singen und Musizieren«,
- »Erfahrung der Musik als identitätserschütternde und -stabilisierende Kraft«.

Diese Aspekte lassen sich keineswegs nur auf einen bestimmten Musikstil oder ein bestimmtes Genre engführen. Daher sollten Kriterien für die Qualität von (gottesdienstlicher) Musik auch jenseits dieser Kategorien entwickelt werden (vgl. einführend Hempel 2014).

Die theologische und musikwissenschaftliche genauso wie die religions- und musikpädagogische Diskussion hat jedenfalls in den letzten Jahrzehnten den Blick deutlich geweitet. Das gilt insbesondere für die Wahrnehmung populärer musikalischer Formen. So werden in jüngerer Zeit nicht nur popularmusikalische Genres innerhalb der Kirchenmusik reflektiert (z. B. Arnold 2009; Baltes 2006; Bubmann 2014a; Schütz 2009), sondern auch Aspekte der populären Kultur und ihrer Bedeutung für kirchliches Handeln insgesamt (z. B. Blume 2015; Bubmann 2008; Gutmann 2014; Kaiser 2014a). Diese veränderte Wahrnehmung der populären Kultur im Bereich der Kirchenmusik steht nicht zuletzt in einem Wechselverhältnis zur Etablierung popularmusikalischer Ausbildungs- und Studiengänge und der Einrichtung entsprechender Institute und Zentren (vgl. z. B. das Popinstitut der Nordkirche / www.popularmusik-nordkirche.de oder die Evangelische Popakademie Witten / www.ev-pop.de).

Popularmusikalische Ausbildungs- und Studiengänge

Schließlich ist in diesem Abschnitt darauf hinzuweisen, dass in vielfältiger Weise aus liturgischer Perspektive die Funktion und die Aufgabe von Kirchenmusik reflektiert werden kann (grundlegend Arnold 2011; Arnold 2014). Dem evangelischen Gottesdienst wird dabei häufig eine besondere Bedeutung eingeräumt: »Musik [...] führt zu einer spezifischen

Form von aktivischer Passivität: aufmerksam sein und nicht handelnd, liturgisch handelnd das eigene Handeln unterbrechend. Diese Art von aktivischer Passivität ist nun für den evangelischen Gottesdienst, ja für den evangelischen Glauben insgesamt kennzeichnend« (Meyer-Blanck 2014, 132; vgl. auch Meyer-Blanck u.a. 2009).

4.2 Wo und mit wem singen wir? Kirchenmusikalische Umbrüche

Singen und Digitalisierung

Unsere Vorstellungen von Kirchenmusik und kirchlichem Singen sind maßgeblich von eigenen Erfahrungen und tradierter (liturgischer) Praxis geprägt. Was passiert, wenn diese durchbrochen werden, haben die Jahre der Coronapandemie gezeigt. Positiv bleibt festzuhalten, dass viele digitale Formate in kürzester Zeit etabliert wurden. Gleichzeitig hat die Entwicklung in der post-pandemischen Zeit gezeigt, dass man genau differenzieren muss zwischen Angeboten, die lediglich ersatzweise in den digitalen Raum verlegt wurden und solchen, die tatsächlich (weitestgehend) digitalisiert wurden. Teilweise hat sich auch eine »Digitalitätsmüdigkeit« eingestellt. Einzelpersonen und Gruppen sind in präsentische Formate zurückgekehrt, digitale Gottesdienste und Andachten, auch digitale musikalische Formate werden an vielen Stellen deutlich weniger bis gar nicht mehr nachgefragt.

»Digitalitätsmüdigkeit«

In einigen Bereichen hat die Digitalisierung aber auch an Tempo und vor allem Selbstverständlichkeit gewonnen: Digitale Angebote auf Homepages und Social Media gelten als selbstverständlich – was digital nicht sichtbar ist, ist häufig überhaupt nicht sichtbar. Digitale Instrumente erreichen hervorragende Klangqualität, ein neues Gesangbuch ist ohne digitale Verfügbarkeit (vgl. Hasselhoff 2023) genauso wenig vorstellbar wie eine Musikgruppe ohne Vernetzung über einen Messengerdienst. Elemente sogenannter künstlicher Intelligenz (KI) gewinnen in jüngster Zeit enorm an Bedeutung und verändern nicht nur Wissenschaft und Gesellschaft, sondern auch die Kirche in vielen Handlungsfeldern: Bei der Erstellung von Predigten wird mittlerweile mit KI experimentiert, und während des Kirchentags 2023 in Nürnberg wurde erstmals ein kompletter Gottesdienst durch KI vorbereitet und geleitet.

Künstliche Intelligenz

Das Phänomen Digitalität mit seinen technischen Aspekten sowie seinen Herausforderungen für Gesellschaft, Wissenschaft und Kirche hat durch die Pandemie an Bedeutung gewonnen und wird in vielen Bereichen des menschlichen Lebens noch an Bedeutung gewinnen. Das Phänomen ist mit Blick auf das kirchliche Singen und die Kirchenmusik insgesamt noch nicht ausführlich reflektiert worden. An dieser Stelle sollen aber wenigstens einige Herausforderungen für anstehende Transformationsprozesse benannt werden (vgl. Jolliet 2023):

Transformationsprozesse

- Die Technik für rein digitale Orgeln hat sich in letzter Zeit deutlich verbessert. Es stehen professionelle Instrumente mit großer Klangvielfalt zu einem Bruchteil der Kosten (in Anschaffung und Wartung) zur Verfügung. Weiterhin besteht die technische Möglichkeit, bestehende Orgeln um verschiedene Komponenten zu erweitern: Einspielen und wiederholtes Abspielen von Musikstücken wird genauso möglich wie die Vernetzung von Instrumenten in hybriden Konzert- und Gottesdienstformaten.
- Noten können in digitaler Form zur Verfügung gestellt und neu erstellt werden, ergänzt um zusätzliche Software, etwa zum Erlernen von einzelnen Chorstimmen. »Livestreams und/oder Aufnahmen von Präsenzangeboten [...] und ausschließlich digitale Formate [...] können zeitliche Flexibilität, Inklusion und Partizipation bieten« (Jolliet 2023, 80). Gleichzeitig setzen diese Formate eine technische Infrastruktur in kirchlichen Gebäuden voraus.
- Rechtliche Fragen nach dem Copyright für Notenmaterial oder nach den Aufführungsrechten in Gottesdiensten und Konzerten stellen sich im digitalen Zeitalter nicht neu, aber in ganz neuer Dimension: Auf Papier vervielfältigte Noten liegen in einer konkreten Anzahl vor, digitale Kopien sind prinzipiell unendlich reproduzierbar. Ein Konzert in einem Kirchenraum lockt ein Publikum in bestimmter Größe an, ein online abrufbares Angebot erweitert die Zielgruppe, bietet aber auch Möglichkeiten des Missbrauchs. Viele rechtliche Aspekte von Singen und Kirchenmusik sind im Analogen kaum bekannt – ein Problem, das sich durch die Digitalisierung noch deutlich vergrößert.

Professionalität, Multiprofessionalität, Interprofessionalität

Seit Beginn der 1980er Jahre ist im Anschluss an Ernst Lange die Funktion von Gemeinde und die Aufgabe der Kirche als *Kommunikation des Evangeliums* beschrieben worden. *Kommunikation des Evangeliums* drückt sich in verschiedenen Dimensionen kirchlichen Handelns aus, für die je unterschiedliche Kompetenzen vonnöten sind (vgl. Abschnitt 4.1: *leiturgia, martyria, koinonia, paideia, diakonia*). Gleichzeitig lassen sich verschiedene Ämter oder Amtsbereiche unterscheiden, etwa das Amt der Liturgie, das Amt der Verkündigung, das Amt der Gemeinschaftspflege, Verwaltung und Leitung, das Amt der Bildung und Erziehung sowie das Amt der Diakonie und Seelsorge (nach Bubmann 2013, 99). Weiter oben wurde bereits darauf hingewiesen, dass Singen und Kirchenmusik in allen Dimensionen kirchlichen Handelns von Relevanz sind, indem Kirchenmusikerinnen unterschiedliche Aufgaben in- und außerhalb des Gottesdienstes übernehmen und dazu auch qualifiziert sind (vgl. auch Arnold 2015, 443 f.).

Ämter

Interprofessionelle Zusammenarbeit

Im Raum der Kirchen ist nun in letzter Zeit verstärkt über Formen der multiprofessionellen Kooperation nachgedacht worden.

> An vielen Orten arbeiten gemeindepädagogische, kirchenmusikalische, diakonische und pfarramtliche Mitarbeitende zusammen, ohne dass landeskirchliche Strukturvorgaben ausschlaggebend waren, dies einzurichten. Oft ergibt sich eine Arbeitsteilung gabenorientiert oder zielgruppenspezifisch. An anderen Orten geht es bei interprofessioneller Zusammenarbeit auch schlicht darum, den (absehbaren) Mangel an Pfarrer:innen durch andere kirchlich Mitarbeitende ›irgendwie aufzufangen‹. (Erichsen-Wendt/Ruck-Schröder 2022, 135)

Unabhängig von dieser Funktion als »Lückenbüßer« (die schon allein an der leider relativ geringen Zahl von Kirchenmusikstudierenden scheitert) ist zunächst einmal die Professionalität von Kirchenmusikern im Zusammenspiel mit anderen Ämtern wahrzunehmen: Sie sind in besonderer und umfassender Weise liturgisch ausgebildet und können hier eine Expertenrolle – auch gegenüber den Pfarrerinnen – einnehmen. Kirchenmusiker sind Profis in der »künstlerisch-ästhetische[n] Darstellung des Glaubens. Dies geschieht öffentlich in Gottesdienst und Konzert und gleichsam ›halb-öffentlich‹ in Chor- und Instrumentalproben« (Arnold 2015, 442).

Gleichzeitig setzt multiprofessionelles Arbeiten zunächst einmal ein »geteiltes Verständnis einer Aufgabe und damit eine Profilierung voraus. Allein der Umstand, gemeinsam in einer Region zu arbeiten, setzt noch kein konzeptionell begründetes Zusammenwirken frei« (Erichsen-Wendt/Ruck-Schröder 2022, 135). Zusammenarbeit bedeutet dann nicht nur, dass einzelne Personen ihr jeweiliges Amt professionell ausführen, sondern ihren Beitrag zum Erfüllen einer Aufgabe leisten und nicht zuletzt den Horizont der anderen durch die eigene Perspektive erweitern.

Es gilt, im interprofessionellen Zusammenwirken die Perspektive der anderen wahrzunehmen – diejenige von Haupt- und Nebenberuflichen, aber auch die der Ehrenamtlichen. In vielen Arbeitsfeldern, nicht zuletzt im kirchenmusikalischen Bereich, wird es zunehmend die Aufgabe weniger haupt- und nebenberuflich Tätiger sein, ehrenamtliche Arbeit zu begleiten, zu koordinieren und zu fördern. Multiprofessionalität bedeutet dann Wahrnehmung des Engagements sowie der mitunter hohen pädagogischen Kompetenz und musikalischen Professionalität, auch von Menschen, die mit Kirchenmusik nicht im Hauptberuf verbunden sind (vgl. Kapitel 2.2).

Ehrenamtliche Arbeit

Gerade eine Profilierung des kirchenmusikalischen Amtes und die angefragte multiprofessionelle Zusammenarbeit setzen auch eine Nachschärfung der kirchenmusikalischen Ausbildungs- und Studienstrukturen voraus:

> Hier wird man in Zukunft neben den künstlerischen Fächern (Dirigieren, Orgel, Klavier, Gesang, Komposition) noch mehr Wert auf gemeindepädagogische Kompetenz legen müssen, wenn die oben beschriebenen Desiderate einigermaßen eingeholt werden sollen. Nur so kann eine stärkere Einbindung von Ehrenamtlichen in gottesdienstliche Singleitung und musikalische Lebensbegleitung gelingen und langfristig eine Verteilung auf zusätzliche Schultern passieren. Kirchenmusik wäre dann in nahezu allen klassischen Domänen gemeindlicher Arbeit präsent und gleichsam der rote Faden des Christseins am Sonntag und im Alltag, in Gottesdienst und Zeugnis, Bildung und Lebenshilfe. (Arnold 2015, 446)

Zur Professionalität von Kirchenmusikerinnen gehört es, diese Kompetenzen im künstlerischen, liturgischen und gemeindepädagogischen Bereich aus- und weiterzubilden, um sie in die Zusammenarbeit mit anderen einbringen zu können. Zur Interprofessionalität gehört die Wahrnehmung dieser Kompetenzen durch andere Ämter. Diese kann durch Kooperation und gemeinsame Veranstaltungen, z. B. zwischen Studierenden der Kirchenmusik und der Theologie, bereits im Bereich der Ausbildung intensiviert werden.

Multiprofessionalität in Leitungsstrukturen

Nicht zuletzt muss sich ernstgemeinte Multiprofessionalität perspektivisch auch in der Besetzung von Leitungsorganen und Entscheidungsgremien ausdrücken (vgl. Erichsen-Wendt/Ruck-Schröder 2022, 135).

4.3 Was und wie werden wir singen? Herausforderungen auf dem Weg zu einem neuen Gesangbuch (Frieder Dehlinger)

Singen im Gottesdienst steht gegenwärtig vor Herausforderungen und Problemen. Dieser Befund wiegt umso schwerer, schaut man sich die Bedeutung des kirchlichen Singens im Verlauf der Christentumsgeschichte und besonders seit der Reformation an (vgl. Kapitel 3). Wenn das Singen keine Freude macht, ist der Gottesdienst eine traurige Veranstaltung. Wenn es aber Freude macht, wachsen auch einer protestantischen Liturgie Flügel.

Neues Gesangbuch

Die Arbeit an einem neuen Gesangbuch für die Evangelischen Kirchen in Deutschland und Österreich fällt mit der Singkrise nach Corona zusammen. Das neue Gesangbuch (vgl. www.ekd.de/evangelisches-gesangbuch-52340.htm) soll zum Kirchenjahr 2028/29 erscheinen und einen starken, belebenden Impuls für das Singen in den Gemeinden geben. An den Liedern selbst liegt die Krise des kirchlichen Singens nicht. Gute Lieder aus unterschiedlichen Zeiten, Traditionen und Stilen gibt es in Fülle. Die Herausforderung besteht vielmehr in der Praxis des Singens: Wie gehen wir mit der Fülle um?

Erste Herausforderung: Liedvermittlung nach dem Traditionsabbruch

Die heute 60-Jährigen haben Kirchenlieder häufig noch im Kindergottesdienst und in der Grundschule gelernt, manche auch in Kinderchören und in der Familie. Auf diese Weise war ihnen ein Kern an Kirchenliedern schon vor der Konfirmandenzeit vertraut, und wer wollte, konnte im Gottesdienst mitsingen. Heute tauchen Kirchenlieder (fast) nur noch an zwei Orten auf: im Gottesdienst selbst und im Internet. Zugleich gibt es immer mehr Menschen, die nie singen und denen es fremd ist, selbst zu singen.

Wenn Schule und Familie als die traditionellen Orte des Liederlernens wegfallen, müssen Möglichkeiten gefunden werden, im Umfeld des Gottesdienstes selbst neue Lieder einzuführen und zu pflegen. Wenn das Singen gelingen soll, braucht es mehr Raum im Gottesdienst! Unser bisheriges liturgisches Konzept mit wöchentlich wechselndem Eingangs- und Wochenlied, Lied nach der Predigt und Schlusslied, orientiert an Thema und Textraum, ist an eine Grenze gekommen. Um neue Lieder einführen und miteinander einsingen zu können, brauchen wir mehr als

Gemeinsames Einüben

diese vier Stellen innerhalb der Liturgie. Die Aufgabe ist es, aus Liedern und Gebeten (am einfachsten wohl im Eingangsteil des Gottesdienstes) einen Raum liturgisch zu gestalten, in dem neue Lieder eingeführt, und auch über mehrere Wochen immer wieder aufgenommen und eingesungen werden können.

Zweite Herausforderung: Kleine Gottesdienstgruppen

Die Größe der meisten Kirchenräume in Stadtteilen und Dörfern ist für Heiligabend und Konfirmation angemessen. Auch die Orgeln auf den Emporen sind für große Gottesdienste ausgelegt. Inzwischen aber feiern wir viele Gottesdienste mit zehn oder zwanzig Gemeindegliedern – eine völlig andere Singsituation. Die kleine Singgruppe ist besser unterstützt und angeleitet, wenn die begleitende Musikerin und ihr Instrument mitten drin oder wenigstens nahe dabei sind. Klavier, E-Piano und Gitarre sind in vielen Fällen gut geeignet, eine kleine Gemeinde zu begleiten – vorausgesetzt, die Liedmelodie wird in sicherer Weise am besten singend mit angeboten. Gitarre und Akkordeon sind für viele im Kirchenraum gewöhnungsbedürftig, doch das Singen einer kleinen Gruppe anzuleiten und zu inspirieren ist mit ihnen sehr gut möglich. Unverzichtbar ist dafür eine gute kirchenmusikalische Ausbildung (vgl. dazu auch Klek 2008).

Kleine Singgruppe

Dritte Herausforderung: Qualität auch ohne Orgel

Von einer Band im Gottesdienst versprechen sich viele eine Überwindung der Kluft zwischen der Musik im Gottesdienst und im Alltag. Viele neue Lieder sind auf eine Band und ein entsprechendes Arrangement hin geschrieben. Ein regelmäßiger, flächendeckender und kontinuierlicher Einsatz einer Band im sonntäglichen Gottesdienst scheitert zumeist am Aufwand, der dafür nötig ist. Der Vorzug der Orgel ist nicht in erster Linie ein ideologischer, sondern ein praktischer: Eine Musikerin mittlerer Qualifikation kann mit relativ wenig »Übe-Aufwand« allein den ganzen Gottesdienst begleiten. Die Band braucht wenigstens drei Musiker (Melodie, Groove, Harmonie) plus Tontechnik für guten Sound sowie gemeinsame Proben. Nur wenige große und finanzstarke Gemeinden sind in der Lage, diesen Aufwand zu stemmen und dabei die nötige Qualität zu erreichen.

Band

Die Qualitätsfrage kommt in Konflikt mit unseren dezentralen Gottesdienstkonzepten. Die Frage ist, ob und wo wir, um musikalische Qualität und einen beflügelnden Gemeindegesang zu erreichen, die Zahl der Gottesdienste in der Fläche deutlich reduzieren wollen.

Vierte Herausforderung: Singen mit Kantorin und Singteam

Anleitung und Anlehnung

Wer wenig Erfahrung im Singen hat, benötigt Anleitung und Anlehnung. Auch wenn viele Menschen heute nicht mehr sicher Noten lesen können, darf nicht unterschätzt werden, dass Noten gute Anhaltspunkte sind, vor allem wenn der Liedtext direkt darunter notiert ist (vgl. Siering 2019). Die beste Anleitung und Motivation bietet aber ein Mensch, der vor einer Gemeinde steht, sich ihr zuwendet und mit ihr singt – nicht als Solist, sondern als Kantor im besten Sinn des Wortes:

- ein Singleiter, der Lieder vermittelt,
- nahe an der Gemeinde ist,
- auch spontan reagieren kann,
- durch das eigene Singen die Melodie – soweit dies nötig ist – so in den Raum stellt, dass sich anlehnen kann, wer sich anlehnen mag.

Singteam

Motivation

Auch ein Singteam kann diese Kantorenrolle übernehmen. Dabei kann jeder Chor als Singteam fungieren. Der gedankliche Schritt ist: Wir möchten nicht (nur) etwas vorsingen, sondern die Gemeinde im Singen anleiten und inspirieren. Die Gemeinden brauchen Anleitung und Motivation, sonst bleiben sie stumm und hören im besten Fall – mal mit Begeisterung, mal mit kritischer Distanz – dem Liedvortrag des Singteams oder einer Band zu. Nötig ist aber singende Beteiligung – im Wechsel von einzelnen Strophen oder von Strophen und Kehrvers.

Hier gibt es im Blick auf das Singen mit dem neuen Gesangbuch viel zu tun für Komponistinnen, Dirigenten, Projekt- und Posaunenchöre, Organistinnen und Bands: Wie können wir unser Musizieren so weiterentwickeln, dass wir die Gemeinde im Singen nicht vertreten, sondern inspirierend und anleitend mit ihr zusammen singen, beten und Gott loben?

Fünfte Herausforderung: Digitale Fülle

Eine Gemeinde braucht übers Kirchenjahr gerechnet etwa 100 bis 150 verschiedene Lieder. Das ist schon viel! Mit Evangelischem Gesangbuch und verschiedenen Beiheften und Ergänzungsbänden bieten die Landeskirchen knapp 1.000 Lieder an. Das neue Gesangbuch soll ohne Regionalteil etwa 500 Lieder, eine geplante Gesangbuch-App etwa 2.000 Lieder enthalten. SongSelect, das Multi-Tool für christliche Lieder im Netz, stellt etwa 140.000 geistliche Lieder zur Verfügung. Die Fülle ist erschlagend, zumal die Freude nicht nur das neue, noch unbekannte Lied auslöst, sondern ein gutes Lied, das ich im Ohr und im Herzen habe! Die Radioprogramme senden unendlich viel Bekanntes immer und immer nochmal – das ist auch öde.

Wir sollten schon immer auch Neues einmischen und ausprobieren. Aber noch mehr sollten Pfarrerinnen und Chorleiter, Begleitende an Orgel, am E-Piano oder in einer Band miteinander überlegen, wie sie den Liederschatz auch auf längere Sicht gemeinsam pflegen und weiterentwickeln – dies gilt für eine Gemeinde, aber auch für kirchliches Singen insgesamt. Die Erarbeitung von »Kernliederlisten«, die eine »elementare Klaviatur des Glaubens« (Leube 2017) bieten, sind Ausdruck solcher Überlegungen.

Kernlieder-listen

Lieder müssen aktiv vermittelt werden. Im Zusammenhang mit dem neuen Gesangbuch soll dazu mit dem geplanten digitalen *Forum Gesangbuch* (www.gemeinsam-singen.de) eine Plattform aufgebaut werden, auf der Kirchenmusikerinnen, Religionspädagogen und Theologinnen Best-Practice-Modelle zur Vermittlung von Liedern austauschen können.

Sechste Herausforderung: Krisen

Anforde-rungen

Die Geschichte des Kirchenlieds (vgl. Kapitel 3) macht deutlich, dass sich die Anforderungen an das Kirchenlied in und nach großen Krisen jeweils radikal verändert haben: nach der Reformation, nach dem Dreißigjährigen Krieg oder dem Ersten Weltkrieg. Während und nach Krisen fragten die Pfarrer und Gemeinden nach geistlich belastbaren und bewährten Worten und Weisen. Alte Lieder wurden neu entdeckt und die gerade noch aktuellen Lieder als zu gefühlvoll, zu zuversichtlich, zu harmlos und geistlich zu flach verworfen. Die Liedgeschichte hat keine einheitliche Richtung nach vorne. Vielmehr sucht jede Generation ihrer Situation entsprechend alte und neue Lieder. Unser heutiges Tableau an aktuellen Liedern ist aus siebzig Jahren Frieden und wachsendem Wohlstand in Westeuropa erwachsen. Corona, Klima und der überwunden geglaubte, doch zurückgekehrte Krieg kennzeichnen, dass eine andere, schwierigere Zeit beginnt. Das neue Gesangbuch will Lieder anbieten, die in Krisenzeiten belastbar sind, Halt geben, bergende Räume öffnen und aus Bibel und Tradition heraus Mut zum Leben machen.

5 Essentials

Wo spielen Singen und Kirchenmusik in der gemeindlichen Praxis eine besondere Rolle? Das Kapitel »Essentials« wirft einen Blick auf vier wesentliche Handlungsfelder, die auf unterschiedliche Weise mit Musik verbunden sind: Gottesdienst (5.1), Kasualien (5.2) und Bildung (5.3). Ein Abschnitt zu Kirchenmusik und Seelsorge (5.4) von Anja Conrad schließt das Kapitel ab.

5.1 Kirchenmusik und Gottesdienst

Wo Gottesdienste stattfinden, wird auch gesungen. Umgekehrt: Wenn im kirchlichen Kontext gesungen wird, geschieht dies in sehr vielen Fällen im Rahmen eines liturgischen Geschehens – im Gottesdienst, in Andachten oder kurzen gottesdienstlichen Einheiten, etwa in der Konfirmandenarbeit oder in Seniorengruppen. Selbst bei einer eher konzertanten Aufführung geistlicher Vokal- und Instrumentalmusik lässt sich aus liturgiewissenschaftlicher Perspektive mit Recht fragen, ob dies nicht auch gottesdienstlichen Charakter hat (vgl. Ratzmann 2005) bzw. von den Mitwirkenden und vom Publikum als religiöse oder liturgische Erfahrung wahrgenommen wird. Explizit musikalisch geprägte und gestaltete Gottesdienste unterschiedlicher Formen haben oft großen Zuspruch. In diesem Sinn notierte schon Johann Sebastian Bach in seiner Hausbibel: »Bey einer andächtigen Musique ist allzeit Gott mit seiner Gnadengegenwart.« Musik schafft Andacht, Singen erzeugt eine gottesdienstliche Situation.

Funktionen und Wirkungen

In liturgischen Lehrbüchern wurden daher immer wieder Funktionen des Singens und Wirkungen der Kirchenmusik im Gottesdienst beschrieben. So benennen Alexander Deeg und David Plüss vier maßgebliche Aspekte (Seitenangaben aus Deeg/Plüss 2021):

– Musik dient dem »Ausdruck von Gefühlen und Hervorbringen von

Gefühlen«. In dieser »emotionale[n] Dimension« (515) des Singens verbinden sich auch Gottesdienst und Seelsorge.
- Musik im Gottesdienst gilt der »Verkündigung des Glaubens«. Diese »kerygmatisch-hermeneutische Funktion« (517) wird im Besonderen durch die Verbindung zwischen Musik und Text im Kirchenlied erfüllt, zeigt sich aber auch in der Instrumentalmusik, die schon bei Luther als »praedicatio sonora«, klingende Predigt, bezeichnet wurde (vgl. auch Arnold 2014, 170–172).
- In Musik und Lied finden »Gotteslob und Gottesgegenwart« ihre Gestalt. Diese »doxologische Dimension« macht deutlich: »Was auf Erden im Gottesdienst geschieht, ist Abbild, Vorausblick und schon jetzt ermöglichte Teilhabe an dem himmlischen Lob Gottes« (518).
- Schließlich ermöglicht Musik »individuelle und gemeinsame körperliche Erfahrung«. Bereits Hören, erst recht aber Singen und Musizieren eröffnen in der »leiblich soziale[n] Dimension« (519) körperliche Erfahrung: individuell und kollektiv als Leib Christi.

Diese Funktionen und Wirkungen korrespondieren mit den Aspekten des Singens, die in Kapitel 3 dieses Buchs entfaltet wurden:
- Liturgisches Singen (3.2) vermag Emotionen auszudrücken und Atmosphäre zu gestalten, indem auf poetische, (traditionell) geprägte Sprache zurückgegriffen wird.
- Hymnisches Singen (3.3) drückt Lob und Klage aus und ermöglicht transzendierende Erfahrungen.
- Lieder und Gesänge können eine katechetische und homiletische Funktion haben (3.4), biblische Texte und zentrale Glaubensinhalte erläutern und zur Sprache bringen.
- Singen im Gottesdienst entspricht häufig der Form nach einem Gebet (3.5).

Herausforderung: Übung

Dabei begegnet uns im Singen in exemplarischer Weise eine grundlegende liturgische Herausforderung: Die genannten Funktionen und Wirkungen des Singens basieren zumeist auf wiederholter Übung und Einübung, und zwar unabhängig davon, ob sich jemand selbst für musikalisch hält oder betont, nicht singen zu können. Es gibt zwar Situationen und gottesdienstliche Gemeinden, in denen das Einstimmen in kurze Liedrufe rasch erlernt wird und auch unbekannte Lieder mit kantoraler oder instrumentaler Unterstützung nach wenigen Takten mitgesungen werden. Zumeist geht es beim Singen um das Einschreiben in eine be-

Musikalische Form und Tradition

stimmte musikalische Form und Tradition, so dass dann emotionale oder verkündigende Dimensionen ermöglicht werden:

- Das aus der Konfirmandenzeit bekannte Lied wird bei einer Trauung oder einem Konfirmationsjubiläum wieder ausgewählt.
- Das Lied, das in einer Gemeindegruppe, im Kindergarten oder der Schule gesungen wurde, kommt im (Zielgruppen-)Gottesdienst vor.
- Ein Lied wird mit einer ganz bestimmten Situation und bestimmten liturgischen Formen verbunden – das beste Beispiel ist vermutlich das Singen von »Stille Nacht« und »O du fröhliche« an Heiligabend, das seine Wirkung in der Kombination verschiedener liturgischer Verhaltensweisen (z. B.: im Stehen gesungen, auswendig gesungen, von vielen mitgesungen) entfaltet.

Kriterien

Aus der Beschreibung von Funktion und Wirkung ergeben sich Kriterien zur Auswahl von Musik im Gottesdienst. In Kapitel 3.1 und 3.14 wurden bereits die Situation, die (liturgische) Funktion, die zu erzeugende Atmosphäre, die Dramaturgie des Gottesdienstes und inhaltliche Aspekte als Leitkategorien für die Auswahl der Musik entwickelt. Im Idealfall erfolgt diese Auswahl dialogisch zwischen den wesentlichen am Gottesdienst beteiligten Akteuren.

Dabei ist offensichtlich, dass Lieder zunächst einmal über Stichworte, theologische Gedanken und (kirchenjahreszeitliche) Themen mit anderen Elementen des Gottesdienstes inhaltlich verknüpft sind. Lieder greifen diese auf, kommentieren, bieten eine Gegenposition oder führen Gedanken weiter. Hilfreich für die Liedauswahl nach Thema und Inhalt sind die thematischen Rubriken und Abschnitte des Evangelischen Gesangbuchs und weitere Hilfsmittel wie die Publikationen »Liederkompass« (2018), »Lied trifft Text« (2020) und »Texte und Lieder für die Sonn- und Feiertage« (2019).

Oft werden Kirchenlieder sehr einseitig nur nach diesen thematischen, auf den Text bezogenen Kriterien ausgewählt. Es sollte bedacht werden, dass dies lediglich ein Aspekt neben anderen ist und empirische Untersuchungen zeigen, dass Kirchenlieder im Gottesdienst nicht nur und nicht in erster Linie über ihre Texte wahrgenommen werden. Wichtig ist daher auch, Atmosphären und Emotionen im Blick zu haben bzw. zu antizipieren. Bei der Auswahl der Kirchenlieder und auch der Instrumentalmusik sollte immer bedacht werden, welche Atmosphäre erzeugt werden soll und welche Stimmung in der konkreten gottesdienstlichen Gemeinde vorfindlich ist. Dieses Kriterium setzt Gespür und Einfühlungsvermö-

Atmosphären und Emotionen

gen voraus – für die jeweilige Gemeinde bzw. Situation, aber auch für die Wirkung eines Liedes, die zudem maßgeblich von der Art und Form der Instrumentalbegleitung abhängig ist.

Vielfalt und Ausgewogenheit

Weiterhin sollten Vielfalt und Ausgewogenheit angestrebt werden: Unbekannte und bekannte Lieder, Lieder aus verschiedenen Epochen, Prägungen und Strömungen, Lieder verschiedener Genres, Lieder mit unterschiedlichem Schwierigkeitsgrad in Bezug auf Musik, Theologie und Sprache sollten im Gottesdienst Berücksichtigung finden. Das gilt wenigstens für den Gottesdienst an Sonn- und Feiertagen; bei Zielgruppengottesdiensten und Kasualien kann die Bandbreite bewusst eingeschränkt werden. Dies ist ein besonders wichtiges Kriterium, um nicht bei der Liedauswahl immer nur dem persönlichen Geschmack von Kirchenmusiker oder Liturgin zu folgen und möglichst unterschiedliche Anwesende anzusprechen.

Auf die jeweiligen liturgischen Orte und Funktionen von Musik wurde bereits hingewiesen: Eingangslied, Wochenlied, Predigtlied, Lied zum Ausgang und Segenslied sind selbst dann, wenn sich alle Lieder des Gottesdienstes auf ein bestimmtes Thema beziehen, innerhalb des Gottesdienstes nicht beliebig austauschbar. Diese Überlegungen gelten in besonderer Weise für liturgische Gesänge, die sowohl eine bestimmte liturgisch-theologische Funktion (Klage, Lob, Fürbitte etc.) als auch eine bestimmte musikalische Form (Wechselgesang zwischen Liturg, Kirchenmusikerin und Gemeinde) haben.

Liturgisch-theologische Funktion

Gerade bei kürzeren gottesdienstlichen Formaten, etwa in und nach der Zeit der Pandemie, zeigt die Erfahrung, dass häufig auf dialogische Teile der (Eingangs-)Liturgie verzichtet wurde. Damit fällt dann nicht nur eine bestimmte Form des gottesdienstlichen Singens, sondern eine bestimmte liturgische Funktion im Gottesdienst weg.

Musikalische Dramaturgie

Neben den Auswahlkriterien für die jeweiligen Lieder und Musikstücke, sollte idealerweise auch die musikalische Inszenierung und die Dramaturgie des gesamten Gottesdienstes im Blick gehalten werden. Gunter Kennel (2008) hat dafür als wesentliche Kriterien »Stimmigkeit und Relevanz« beschrieben, die von Peter Bubmann (2014b, 181–183) aufgegriffen und erweitert werden. Neben bereits genannten Kriterien wie »Atmosphäre und Stimmung« oder »Raum und Zeit« (Situation) betont Bubmann dabei auch den Aspekt »Performanz und Partizipation«: Über das Singen wird Beteiligung im Gottesdienst ermöglicht. Er schließt an diese zu beachtenden Aspekte mit einem Plädoyer für das Singen im Gottesdienst an, wobei sich dieses Singen aus unterschiedlichen Gründen als plural in den Stilen und Genres und vielfältig mit Blick auf Zielgruppen und Milieus auszeichnen sollte.

Instrumentalmusik

Mit der Rolle von Instrumentalmusik im Gottesdienst hat sich Jochen Arnold (2014, 171–172; vgl. auch Arnold 2017) intensiver auseinandergesetzt. Er beschreibt fünf verschiedene Funktionen, die teilweise in einem Wechselverhältnis zu Texten und Liedern im Gottesdienst stehen, teilweise aber auch unabhängig davon sind:

- »Einstimmen und Anknüpfen: Vorspiel/Introitus; Nachspiel/Auszug«
- »Einladung zum gemeinsamen Singen«
- »Meditation des verkündigten Wortes«
- »Sub communione – Musik zum Abendmahl«
- »Simultan zu Lesungen«

Arnold (2014) benennt anschließend Qualitätskriterien für Musik im Gottesdienst, die zugleich als Auswahlkriterien für konkrete Lieder und Stücke dienen können: Er hält für alle gottesdienstliche Musik fest, dass diese der »dialogischen Kommunikation des Evangeliums«, »einem dramaturgischen Spannungsbogen, der Menschen in eine Begegnung mit dem Heiligen hineinnimmt«, der »Beteiligung der Gemeinde« sowie einer, die Generationen und Milieus übergreifenden Ansprache oder einer bestimmten Zielgruppe in besonderer Weise dienen solle (173).

Bezug zur Gegenwart

Schließlich sei wesentlich, dass in der Musik ein Bezug zur Gegenwart erkennbar sei, der auch einen kritischen Dialog mit der gegenwärtigen Kultur ermögliche und somit relevant für die Deutung der Gegenwart sei.

Auf diesen grundlegenden Überlegungen basieren die konkreten Anregungen zum Singen im gottesdienstlichen Kontext in den Abschnitten 6.1 bis 6.3.

5.2 Kirchenmusik und Kasualien

Klassische Kasualien (Taufe, Konfirmation, Trauung, Beerdigung) und sogenannte neue Kasualien (z. B. Einschulungsfeiern) haben in der jüngeren praktisch-theologischen Diskussion besondere Aufmerksamkeit erhalten. Dies entspricht ihrer Resonanz in der gemeindlichen Praxis. Erweitert man die Liste der genannten Kasualien um solche Gottesdienste, die ihre Prägung besonders von einem bestimmten Kasus her erhalten, wird schnell offensichtlich: Liturgisches Handeln und auch Singen und

Musik haben hier eine weitaus größere Reichweite als in den meisten Gottesdiensten an Sonn- und Feiertagen.

Größere Reichweite

Dieser Befund steht in einer eigentümlichen Spannung zu den kirchenmusikalischen Tätigkeitsbeschreibungen und auch der weit verbreiteten kirchenmusikalischen Praxis, die zumeist auf den Sonntagsgottesdienst sowie Konzerte fokussiert sind und Kasualien allenfalls als zusätzliche Nebengottesdienste berücksichtigen. Diejenigen Gottesdienste, in denen sich individuelle religiöse Praxis und christliche Liturgie in der Gegenwartskultur am deutlichsten öffentlich ausdrücken, werden von kirchenmusikalischer Seite am wenigsten beachtet. Gerade in diesen gottesdienstlichen Formaten lassen sich aber liturgische und kirchenmusikalische Formen exemplarisch erproben und weiterentwickeln.

Trauerfeiern

Exemplarisch lassen sich die Herausforderungen am Beispiel der Bestattung und Trauerfeier benennen. Das Portal »bestattungen.de« skizziert in wenigen Sätzen Funktion und Bedeutung von Musik bei Trauerfeiern:

> Trauermusik spielt neben der Trauerrede eine wichtige Rolle auf einer Trauerfeier. Die ausgewählten Stücke können selber gesungen oder gehört werden und sollen an den Verstorbenen erinnern. Dieses Erinnern kann durch Lieder entstehen, die der Tote gerne gehört hat oder durch Texte, welche die Trauer und den Schmerz über den Verlust des Menschen ausdrücken.

Wenig später wird zum Thema Musikauswahl festgehalten:

> Sie müssen sich bei der Auswahl der Trauermusik nicht an bestimmte Vorgaben halten. Gestalten Sie die musikalische Begleitung ganz individuell und überlegen Sie, was am besten zu dem Verstorbenen passt, was seine oder ihre Lieblingstitel waren oder was Sie mit der Musik ausdrücken wollen. [...] Die Trauermusik hat zwei grundlegende Funktionen. Zum einen würdigt sie den Verstorbenen und unterstreicht das Gedenken an die Person. Eine weitere wichtige Funktion kommt der Trauermusik bei der Verarbeitung des Todesfalls zu.

An der Musik zeigt sich in zugespitzter Form ein Spannungsfeld von Kasualien: Bestimmen kirchliche, liturgische Vorgaben und Traditionen oder individuelle Wünsche und Vorstellungen der beteiligten Personen die Gestaltung? Als Besonderheit religiöser Trauerfeiern nennt das Portal das Singen der Gemeinde – offensichtlich wird das gemeinsame Singen auch in der Gegenwart als typisch christlich wahrgenommen:

> Bei einer religiösen Trauerfeier singt die Trauergemeinde in der Regel gemeinsam aus dem Liederbuch. Die Titel können Sie im Vorfeld mit dem Pastor oder Priester aussuchen und abstimmen.

Kommunikatives Geschehen

Dieser letzte Punkt verweist auf Grundsätzliches: Die Auswahl der Musik bei Kasualien ist in besonderer Weise ein kommunikatives Geschehen. Während sich dieses bei einem Sonntagsgottesdienst auf die beiden Akteure der Pfarrerin und des Kirchenmusikers beschränkt, kommen im Fall von Kasualien weitere Personen hinzu, die biographische, individuelle und situative Momente betonen und sich gegebenenfalls auch selbst musikalisch beteiligen möchten. Im besten Fall werden in einem solchen Gespräch zur Musikauswahl aus unterschiedlicher Perspektive die Situation und die Atmosphäre der Kasualie und mögliche Funktionen der Musik bedacht. Darüber hinaus ergeben sich besondere Funktionen von Musik bei Kasualien, die sich im Anschluss an Stephan A. Reinke (2011a) beschreiben lassen:

Besonderheiten

- Passende und vertraute Musik schafft eine Verbindung zwischen der besonderen, gegebenenfalls auch ungewohnten Situation des Kasualgottesdienstes und der Lebenswelt der Teilnehmenden.
- Zugleich sollte die ausgewählte Musik auch die musikalischen Gewohnheiten des Alltags übersteigen und zu einer spezifisch gottesdienstlichen Atmosphäre beitragen: Die Kasualie insgesamt und im Besonderen die Musik greifen Alltagserfahrungen auf, übersteigen diese aber zugleich. »Es bietet sich in diesem Sinne an, bei den Kasualien eine Musikauswahl zu fällen, die zwischen den Polen ›vertrautes Lieblingslied‹ und ›typisch kirchliche Musik‹ vermittelt und beide berücksichtigt« (Reinke 2011a, 418).
- Kasualmusik sollte in besonderer Weise der Kommunikation des Evangeliums dienen, selbst Verkündigung sein. Dies umfasst insbesondere bei Trauerfeiern auch seelsorgerische und therapeutische Funktionen.
- Gerade bei Kasualien spielt das gemeinschaftliche Singen als Form der aktiven Beteiligung der Gemeinde eine große Rolle. Die gemeinschaftsstiftende Funktion kann allerdings nur dann erfüllt werden, wenn die Liedauswahl und die Liedbegleitung tatsächlich Singen ermöglichen und die versammelten Personen die Möglichkeit haben, sich zu beteiligen.

- Musik hat bei Kasualien eine vermittelnde Funktion zwischen individuell biographischer Erfahrung und liturgischer Situation. Auch wenn die Kasualmusik in den wenigsten Fällen speziell für eine konkrete Kasualie produziert wurde, kann das Aufgreifen bestimmter Musik eine wesentliche Funktion erfüllen: Sie spricht Menschen gezielt an, ruft lebensgeschichtliche Situationen in Erinnerung und verbindet diese mit der gottesdienstlichen Situation.

Neue Formen

Reinkes Ausführungen zur Kasualmusik sind hilfreich mit Blick auf die etablierten Formen von Kasualien, genauso wie für ganz neue Formen gottesdienstlicher Begleitung von Menschen. Insbesondere in den letzten Jahren haben sich – teilweise angestoßen durch gottesdienstliche Formen in der Coronapandemie, teilweise aus anderen Gründen – vielfältige neue Kasualien entwickelt, deren musikalische Gestaltung noch besonderer Reflexion bedarf:

- Die Taufe wird – noch einmal verstärkt durch Beschränkungen während der Pandemie – zunehmend entweder als individueller Kasualgottesdienst im (kleineren) Familien- und Freundeskreis oder im Rahmen besonderer Taufgottesdienste, etwa bei Tauffesten gefeiert.
- Kasualagenturen haben auch im kirchlichen Bereich ihre Arbeit aufgenommen und bieten individuelle Beratung für Taufe, Hochzeit und Trauerfeier, aber auch für Rituale in ganz unterschiedlichen Lebenszusammenhängen.
- Kirchengemeinden entwickeln besondere gottesdienstlichen Formen, z. B. Segnungsgottesdienste für Paare und Familien (ganz unabhängig von der klassischen Trauung).

Veränderung

Mit den Veränderungen der Formen ist eine Veränderung auch in der Kasualtheorie verbunden: Wurde die Kasualie traditionell als kirchliche Amtshandlung verstanden, die sich primär von einem bestimmten Kirchen- und Gottesdienstverständnis her definiert, werden Kasualien heute vielfach von den Anfragen und Bedürfnissen derer definiert, die sie anfragen. Was folgt für Kirchenmusik und kirchliches Singen aus diesen Entwicklungen? Versteht man die Kasualie als Amtshandlung, leitet sich deren liturgische (und damit auch musikalische) Gestalt vom »Normalfall Sonntagsgottesdienst« her. Insofern folgt auch die Musikauswahl analog zum Sonntagsgottesdienst: Der Pfarrer wählt aus, in den Blick kommen Gemeindelieder aus dem Gesangbuch und Orgelmusik. Wie sehr sich hier die Perspektive gewandelt hat, zeigt ein kaum zwei Jahrzehnte altes Zitat Christian Albrechts, der von Kasualien als »Spitze der Fremdbestimmung im pfarramtlichen Alltag« (2006, 6) gesprochen hat. In ähnlicher Weise blickt Eberhard Hauschildt (2000) auf die Kasualmusik.

Umgekehrt besteht die Herausforderung in der Gegenwart gerade darin, die Situation, die Albrecht beschreibt, heute nicht einfach nur umzudrehen: An die Stelle des Pfarrers, der alleine die komplette Gestaltung einer Kasualie vorgibt (und damit auch die Musik) könnten nun ein Brautpaar, Eltern bei einer Taufe oder trauernde Angehörige treten, die für sich die alleinige Gestaltungshoheit einfordern. Geht man von der emotionalen, liturgischen, seelsorgerischen Kraft von Singen und Musik aus, dann besteht die zentrale pastorale und kirchenmusikalische Aufgabe darin, kompetente Beratung für die Auswahl von Liedern und Musik zu bieten (vgl. auch Blume 2015, 396f.; Friedrichs 2020, 77–82; Marti 2015; Reinke 2014a; Reinke 2008; Wagner-Rau 2005). Im Idealfall sind die Kirchenmusikerin und der Pfarrer nicht nur im Kasualgottesdienst aktiv beteiligt, sondern beraten im Vorfeld und kommunizieren mit weiteren beteiligten Musikern (vgl. auch Kapitel 6.4).

Seelsorgerische Kraft

5.3 Kirchenmusik und Bildung

Schon ein Durchgang durch die Geschichte des kirchlichen Singens macht deutlich: Kirchenmusik, Kirchenlied und Bildung gehören zusammen. Luthers Anspruch war es, über Kirchenlieder die neue theologische Lehre unters Volk zu bringen (vgl. Kapitel 3.4). Herder bezeichnete in diesem Sinn dann das Gesangbuch als »Bibel des Volks« (vgl. Kapitel 3.9). Und auch in anderen Kontexten wird offensichtlich, dass Kirchenlied und Bildung in vielfältiger Weise eng aufeinander bezogen sind.

Zunächst einmal bietet Kirche in vielfältiger Weise einen Raum für Singen und Kirchenmusik und fördert damit musische und religiöse Bildung:

> In allen Bereichen der Gemeindearbeit und der Religionspädagogik ist Singen zu fördern. Es muss evident werden, dass es um Christi willen keinen Grund gibt, sich des Singens zu schämen. Förderung des Singens heißt neben Zeit, Raum und Begleitinstrumente bereitstellen auch aktive Horizonterweiterung hinsichtlich der musikali-

> schen wie der inhaltlichen Dimension. Nirgends steht geschrieben, dass Frauenkreise und Jugendgruppen immer nur ›ihre‹ Lieder singen wollen. Pfarrerinnen, Diakone, Kantorinnen und Singfans aller Art sollten immer wieder mit einem Lied in Gemeindegruppen gehen, das sie als ihr Lied einbringen, um so die spannende Vermittlung von Individualität und Gemeinschaftlichkeit des Glaubens anzustoßen. Die Verständigung auf einen überschaubaren ›Kernlied‹-Fundus, der für alle Bildungsarbeit Orientierungsgröße wäre, könnte die Kommunität des Singens erheblich befördern. (Klek 2008, 110)

Soziale Funktionen

Milieuverbindend

Kirchenmusik hat soziale Funktionen und Bildungsaufgaben weit über das bloße Erlernen und Einüben hinaus – innerhalb bestimmter Gruppen, aber auch in besonderer Weise milieuverbindend über die Grenzen dieser Gruppen hinaus. Der Kirchenmusik kann gerade angesichts der zunehmenden Pluralisierung von Lebensstilen und Glaubenspraxen (vgl. grundlegend Bubmann 2008 sowie zur Kirchenmusik als sozioreligiöse Praxis Koll 2016) eine besondere Funktion zukommen:

> Singen ist auch zu fördern als kommunikativer Prozess zwischen Gemeindegruppen und den sich hier ggf. repräsentierenden Milieus. Es ist wichtig, jede Gruppe mit ihren Liedern ernst zu nehmen, ihnen Gehör zu schenken, sie mitzusingen, aber solches Entgegenkommen auch von ihnen zu verlangen. Dafür kann es auch andere Orte geben als den Gottesdienst. (Klek 2008, 110f.)

Schließlich ist Singen in der Gemeinde selbst Bildungsgeschehen: liturgiedidaktische Vorbereitung gottesdienstlichen Singens, theologische Reflexion des Singens und des Gesungenen, Einführung in »elementarste Kenntnisse über die körperlichen Vorgänge beim Singen: Haltung, Atmung, Stimmansatz« (Kirschbaum 2005, 204.). Daher stehen die Praxis des Singens, Bildungsarbeit in der Gemeinde und die liturgische Praxis in unmittelbarem Zusammenhang:

> Korrelat der defizitären Praxis des Singens ist wohl ein theologisches Defizit in Sachen Doxologie und Eucharistie als christlichen Essentials. Die den Menschen heute so wichtige Dimension des Ekstatischen als ›Lobpreis‹ muss integriert werden. Ob das ›Herze‹ und also der ganze Leib in der Kirche ›ins Springen‹ kommen kann, ist so wohl nicht nur eine Frage der musikalischen Praxis. (Klek 2008, 111)

In diesem Zusammenhang stehen dann auch neuere Ansätze in der Hymnologie (vgl. Kapitel 4.1). So beschreibt Harald Schroeter-Wittke (2007) Umrisse einer religionspädagogischen Hymnologie als »die wissenschaftliche Reflexion des Singens, welches für Christinnen und Christen in Religion, Kirche und Gesellschaft von Bedeutung ist« (144 f.). Eine solche hymnologische Forschung hat unmittelbare Auswirkungen auf das praktische Singen »und seine durch wissenschaftliche Einsichten gestützte Förderung und Gestaltung«, also der Liedvermittlung (vgl. dazu auch Lindner 2005 und Vollmer Mateus 2005).

Wissenschaftliche Reflexion des Singens

Neben allgemeinen Aspekten von musischer und religiöser Bildung wird besonders umfangreich die Bedeutung von Singen und Kirchenmusik im Kontext der Bildung von Kindern und Jugendlichen reflektiert. Allein das Kompendium »Musik in Schule und Gemeinde« (Bubmann/Landgraf 2006; vgl. zu Musik im Religionsunterricht besonders Lindner 2014) bietet auf knapp 500 Seiten sowohl bildungstheoretische, musik- und religionspädagogische Aspekte als auch konkrete Fallstudien zu didaktischen Szenarien: zum Hören und Analysieren von Musik, zur Erschließung von kirchenmusikalischen Werken und Kirchenliedern, zu Gesangbüchern und Aspekten der Popkultur und Popmusik. Nicht nur in diesem Kompendium zielt die theoretische Reflexion auch auf die praktische Förderung des Singens im Raum der Kirche. So wurden beispielsweise über die Stiftung »Singen mit Kindern« (www.singen-mit-kindern.de) seit 2001 verschiedene Förderaktionen auf den Weg gebracht. Viele elementare musikpädagogische Programme, z. B. das der »Singpaten« fanden auch im kirchlichen Raum Resonanz und wurden erfolgreich implementiert.

Praktische Förderung

Eine besondere Herausforderung, aber auch eine besondere Chance stellen Singen und Musizieren in der Arbeit mit Konfirmandinnen und Jugendlichen dar (vgl. Schoberth 2005; Ilg 2021, 103–107). Viele Herausforderungen, die bereits in anderem Zusammenhang dargestellt wurden, begegnen uns hier in besonderer Weise: Es besteht kaum Vertrautheit im Umgang mit der eigenen Stimme und Singen in der Praxis. Zudem ist Singen in der Gemeinschaft häufig mit besonderer Scham belegt. In der Jugend- und Konfirmandenarbeit begegnen sich unterschiedliche Milieus mit verschiedenen musikkulturellen Verortungen. Die Musik, die Jugendliche (und Erwachsene) im Alltag hören, ist gerade nicht von Liedern geprägt, die auf gemeinschaftliches Singen zielen, sondern von Sololiedern einzelner Stars (vgl. auch Kapitel 6.5 zum Musizieren mit Kindern und Jugendlichen).

Diese Herausforderungen sind Herausforderungen für das Bildungshandeln der Kirche, gerade in Zeiten des Strukturwandels:

> Dass Musikerziehung in der Kindheit die Persönlichkeitsentwicklung positiv beeinflusst, spricht sich langsam herum. Dass Singen und Musizieren ein Markenzeichen des Christentums ist und immer war [...] muss im Bewusstsein einer kleiner werdenden Kirche wachgehalten werden. Die frohe Botschaft verlangt nach vielfältigen Ausdrucksformen; eine Vielfalt an Ausdrucksformen für den christlichen Glauben und Ausdrucksmöglichkeiten für den Menschen zu entwickeln und zu fördern ist eine theologische und anthropologische Aufgabe der Kirche. (Martini 2005, 193)

Kirchenmusik ist somit in den Transformationsprozessen der Gegenwart ein ganz herausgehobenes Arbeitsfeld kirchlicher Kinder- und Jugendarbeit:

Kinder- und Jugendarbeit

> In Bezug auf Kinderkirchenmusik heißt das: Die gesamtgesellschaftliche Mitverantwortung von Kirche und Kirchenmusik wahrnehmen, die musische Erziehung als Teil des kirchlichen Bildungsauftrages betrachten, Kindern unter professioneller Anleitung die Möglichkeit geben, sich als Teil einer singenden und musizierenden und damit einer nach innen und außen attraktiven Kirche zu erfahren. (Martini 2005, 193)

5.4 Kirchenmusik und Seelsorge (Anja Conrad)

Das Klingeln einer Ladenglocke, ein Konzert am Samstagabend, das Schlaflied auf der Bettkante, der Posaunenchor, der vor dem Seniorenheim musiziert, oder das wiederholte Anschlagen einer Klangschale – kaum jemand wird abstreiten, dass Klänge und Musik, wenn sie gerne gehört werden, einladende, wohltuende, unter Umständen sogar heilsame Wirkung auf den Menschen entfalten. Menschen kennen ihre Lieblingslieder und wissen, zu welcher Musik sie entspannen, tanzen oder arbeiten können und mit welcher Musik sie gerne Gottesdienst feiern.

Dieses Kapitel erläutert aus pastoralpsychologischer Perspektive einige Gedanken seelsorglichen Wirkens und weist auf Berührungspunkte zur Musik hin (vgl. grundlegend Krummacher 2002). Dabei geht es nicht um eine stilistisch festgelegte Kirchenmusik: Je nach klanglicher Sozialisierung und Geschmacksbildung kann das hier Gesagte von der Psalmodie über Taizégesänge und klassische Musik bis zu Heavy Metal gelten.

Mit und durch Musik kann auch pathologisch wirkender Stress entstehen. Dieser Aspekt kommt im Kapitel nicht weiter zur Sprache und bedarf der ausführlicheren Reflexion (vgl. Reddemann 2011). Es gehört zum professionellen musikalischen Arbeiten, auch diesen Aspekt zu bedenken.

Kirchenmusik als Seelsorge und Selbstsorge

Angesichts der Vielfalt von Rezeptionsmöglichkeiten von Kirchenmusik und der Bedeutung, die Menschen der biographischen Verankerung von Lieblingsliedern zuschreiben, legt sich eine möglichst offene Bestimmung von Seelsorge nahe, die sich am menschlichen Lebensalltag ausrichtet. Diese korrespondiert mit einer weiten Definition von Kirchenmusik als einer Praxis des christlichen Glaubens, die möglichst erfahrungsoffen und vielfältig, nicht nur in Liturgie und Predigt, sondern auch im Konzertsaal, auf der Straße, zu Hause oder in öffentlichen Einrichtungen (Schule, Krankenhaus usw.) zum Tragen kommt. Kirchenmusik ist Lob Gottes, Erklingen des Evangeliums sowie zwischenmenschlich-religiöse Kommunikation und hat dabei eine potenziell inspirierende, erbauliche und vertiefende Wirkung für den Glauben einer Person (vgl. Krummacher 2020, 418–421; Klessmann 2005 und Heymel 2012).

Zwischenmenschlich-religiöse Kommunikation

Damit nähern wir uns der Seelsorge, die zunächst ganz allgemein als »zwischenmenschliche Hilfe durch personale Kommunikation in religiösen Kontexten« (Ziemer 2015, 21; vgl. auch Klessmann 2015, 7) beschrieben werden kann. Primäres Medium der Seelsorge im engeren Sinn ist in der Regel das Gespräch unter vier Augen im Hinblick auf eine bestimmte Lebenssituation oder ein Anliegen und wird von der grundsätzlichen Gesamtverantwortung und Erreichbarkeit kirchlicher Amtsträgerinnen für alle Gläubigen ihres Seelsorgebezirks unterschieden. Bezogen auf eine kirchenmusikalische Praxis, die sowohl den privat-individuellen als auch den kollektiv-öffentlichen Umgang mit Musik kennt und diese als Dienst am Menschen und am Wort Gottes versteht, hat eine musikalische Sorge um die Seele Anteil an beiden seelsorglichen Kategorien. Das heißt, sie hat ihren Ort in konkreten Situationen, etwa im Singen eines Liedes am Sterbebett, sowie im generellen Gewährleisten von musikalischer Qualität durch Kirchenmusiker, im Vorhalten von Kirchenmusikerstellen sowie kirchenmusikalischen Partizipationsmöglichkeiten u. a. in Gottesdiensten, Ensembles, offenen Singangeboten oder Konzerten.

Musikalische Sorge um die Seele

Selbstsorge

Kirchenmusik ist aber auch eine Möglichkeit der christlichen Selbstsorge. Ein Mensch kann sich selbst Seelsorger sein: im Singen oder im Spielen eines Instruments, im Hören eines Tonträgers bzw. digitalen Musikmediums oder im stillen Lesen und innerlichen Hören eines Liedes oder einer Partitur. Der Begriff enthält einerseits den Aspekt der Prävention und Rehabilitation bei gesundheitsschädlichen Überlastungssituationen, das heißt Stressreduktion und Entspannung durch Musik. Damit verbunden ist andererseits ein Verständnis von Seelsorge als »die Sorge um das Selbst-Sein-Können« (Luther 1986, 2–17). Dementsprechend geht es bei Kirchenmusik auch um einen Umgang mit Musik, der einem Menschen über die Länge der Zeit zu mehr Selbst(er)kenntnis verhelfen kann. Im Kern findet man diesen Gedanken bereits bei Martin Luther, der exemplarisch den Psalter aufgrund seiner Darstellung so vieler menschlicher Gefühlslagen als besonderen Ort zur Selbsterkenntnis verstanden hat.

Selbsterkenntnis

Körperliches Erleben und Verarbeiten von Klangerlebnissen

Dass Musik die Lebens- und Glaubensgewissheit eines Menschen in dieser Weise stärken kann und schon immer Teil religiöser Praxis war, hängt mit den anthropologischen Grundbedingungen von Klangerlebnissen zusammen: Zu den ersten sinnlichen Wahrnehmungen des Menschen gehört das Aufnehmen akustischer Eindrücke im Mutterleib. Nachweislich reagieren Föten ab der 16. Schwangerschaftswoche auf Schallwellen und können diese über Körperempfindungen und mit dem Gleichgewichtsorgan wahrnehmen, auch wenn das Ohr erst ab der 25. Schwangerschaftswoche voll ausgebildet ist. Bereits vor der Geburt beträgt daher die potenzielle Zeit des Hörens fast sechs Monate (vgl. Chamberlain 2015, 27). Musikalische Erlebnisse sind deshalb ihrem Ursprung nach körperliche Empfindungen.

Körperliche Empfindungen

Ungeborene können psychisch noch nicht zwischen sich und ihrer Umwelt unterscheiden, Zeitabläufe oder Außeneinwirkungen reflektieren. Sie sind daher existenziell auf Rhythmen und Klänge angewiesen (z. B. den Herzschlag oder die Stimme der Mutter). Damit wird eine psychische Kontrollierbarkeit dessen vermittelt, was sonst überflutend und völlig überfordernd auf die noch kaum entwickelte Psyche einströmen würde. Alles, was das Kind im symbiotischen Miteinander mit der Mutter wahrnimmt und unbewusst körperlich als Gehörtes zu verarbeiten lernt, ist Teil der Vorbereitung auf die eigene, zunehmend bewusste Begegnung mit der Umwelt außerhalb des Mutterleibs (Fedor-Freybergh 2015, 13 f.).

In späteren Lebensphasen bietet Musik mit ihrer rhythmisch und melodisch strukturierten Wiederholung von Motiven, Themen und Sätzen ein Höchstmaß an berechenbarer Organisation von Zeitabläufen und Klangeindrücken (Leikert 2009, 222 f.). Auf einer basalen Ebene kann Musik so beruhigen, Angst nehmen und Sicherheit vermitteln (vgl. Bieler 2015 und Klüger 2020, 123 f.). Die existenzielle Unmittelbarkeit musikalischer Wirkung liegt dabei besonders in der Körperlichkeit des Erlebens von Klängen, die einer kognitiven und sprachlichen Reflexion vorausgeht.

Unmittelbarkeit

> In der Musik wird eine erlebte (körperliche) Spannung durch eine erlebte (akustische) Spannung repräsentiert. (Leikert 2009, 225)

Diese akustische Spannung kann im Musizieren rhythmisch, melodisch und harmonisch erzeugt, geformt, durch Pausen unterbrochen und wieder zur Ruhe gebracht werden. Wenn sich ein Mensch hörend auf ihm angenehme Musik einlässt, sich dazu bewegt oder selbst musiziert, setzt er sich so akustisch kontrolliert zu seiner Umwelt in Beziehung und kann dadurch eine Form der Selbstwirksamkeit oder sogar der Sinnstiftung erfahren.

Wirkungsfaktoren in der seelsorglichen Arbeit

Erst im Jahr 1994 publizierte Klaus Grawe gemeinsam mit Ruth Donati und Friederike Bernauer eine Studie zur bis dahin weitgehend unerforschten Wirkung von Psychotherapien. Danach geschieht therapeutisches Arbeiten schulübergreifend im Rahmen dreier Perspektiven: Problembewältigung, Klärung und Beziehung. Die Problembewältigung im therapeutischen Sinn sieht Klessmann (2014), der Grawes Ergebnisse für die Seelsorge ausgewertet hat, im seelsorgerlichen Arbeiten eher selten gegeben. Dieses diene vor allem der Klärung von Fragen, um selbstständig zu einer Lösung zu kommen. Die Beziehungsgestaltung benennt Klessmann hingegen als die grundlegende und erlernbare Bedingung seelsorglichen Arbeitens. Sie zeichnet sich durch positive Wertschätzung, Wärme, Interesse, Respekt und Einfühlung aus. Klärungsprozesse geschehen in der Seelsorge vor allem beim Sondieren der ausgesprochenen und der unausgesprochenen Fragen des Gesprächspartners. Gerade religiöse Fragen seien nicht immer auf eine Antwort hin angelegt und wollten in erster Linie »gehört« sein. Zuweilen gehe es dann eher um das Annehmen, Deuten und trauernde Bearbeiten einer Situation, die nicht mehr verändert und schon gar nicht gelöst werden könne. Klessmann fügt hier als zusätzliche Pers-

Beziehungsgestaltung

Trost

pektive der Seelsorge den Trost hinzu. Hier sei dann auch der Ort der rituellen Begleitung durch Gebet, Bibelwort, Abendmahl und Segen.

Schaut man auf die Bedingungen, unter denen im positiven Sinne musiziert werden kann, treten vor allem die Perspektiven der Beziehung, der Klärung und des Trostes hervor.

Begleitung und Lebensdeutung im Horizont musikalischen Arbeitens

Je einfühlender Musikerinnen aufeinander, auf ein Werk, auf ihr Instrument und auf ihre Hörer bezogen sind, umso mehr können sich musikalische Prozesse, Emotionen und Inhalte eines gesungenen Textes oder eines musikalischen Themas übertragen und zwischen den Beteiligten resonieren. Klessmann weist darauf hin, dass es grundsätzlich zur Seelsorgeausbildung gehört, sich über die eigenen Motive und Ziele im Beziehungs- und Deutungsgeschehen klar zu werden und an der eigenen Kompetenz in diesen Bereichen zu arbeiten. Im Fall des liturgischen Musizierens etwa sind es Menschen, die begleitet werden, nicht die Lieder. Insofern hat gottesdienstliches Musizieren unter anderem eine seelsorgliche Qualität, die ein Mindestmaß an Respekt und Einfühlungsvermögen voraussetzt.

Einfühlungsvermögen

Der Aufführung von Musik gehen in der Regel lange Zeiten des Lernens und Übens voraus. Diese bewusst oder unbewusst stattfindenden Vorarbeiten führen Menschen zur Interpretation, das heißt zur Deutung eines Musikstücks. Diese Deutungskompetenz trägt dazu bei, dass Hörerinnen einen Klangraum als verlässlich erleben und sich assoziativ eigenen seelischen Klärungsprozessen öffnen können. Dabei rhythmisiert und ritualisiert Musik Zeitabläufe und kann Spannungen akustisch repräsentiert bearbeiten. Sie ermöglicht dadurch zumindest eine temporäre, aber körperlich erlebte Sicherheit in Situationen, die ansonsten als schwer aushaltbar oder unlösbar erscheinen. In diesen Phasen kann Musik Trost bedeuten, weil sie dabei hilft, dass Zeit aushaltbar vergeht und die eigene Situation in einem neuen Licht gesehen und gedeutet werden kann. Hier verbinden sich Momente des Rückzugs vor der Realität mit dem erneuten Sich-zuwenden-Können zur Realität. Vor dem Hintergrund existenziell frühester Erfahrungen ist es dann eine mütterliche Funktion, die Musik seelsorglich erfüllt, weil sie unverstandene Eindrücke und Gefühle zu transformieren hilft und zur Annahme der Realität beitragen kann. Musik ist damit ein Weg, sich körperlich erfahrbar in den Glaubenshorizont zwischen erfahrenem Trost (vgl. Jes 66,13) und zugesagter Herzensfreude (vgl. Joh 16,22) hineinzustellen.

Spannungen

6 Anregungen für die Praxis

Es gibt eine große Anzahl vielfältiger Materialien für die Praxis des Singens im Raum der Kirche. In diesem Kapitel lässt sich dementsprechend (nur) Grundlegendes, Exemplarisches und Ausgewähltes ausführen. Die Literaturempfehlungen zur Praxis am Ende der Abschnitte schlagen daher noch einmal explizit praxisnahes Material zur selbstständigen Lektüre und Anwendung in Praxiskontexten vor.

Das sechste Kapitel soll Anregungen für die Praxis bieten und vor allem zum Ausprobieren einladen. Das Ziel ist dabei stets, gemeinsam ins Singen zu kommen.

6.1 Singen im Gottesdienst I: Lieder auswählen

Voraussetzungen

Schon mehrfach wurde in diesem Buch die Frage nach der Auswahl von Liedern für den Gottesdienst gestellt. Die Frage ist vielschichtig, die Antworten sollten es auch sein: Eine Auswahl setzt zunächst einmal die Kenntnis möglichst vieler Lieder, von Singformen und musikalischen Traditionen voraus (vgl. Kapitel 3). Wenn ich nichts von der Vielfalt und Schönheit unterschiedlicher Lieder weiß, habe ich keine Auswahl! Die Liedauswahl im Gottesdienst setzt weiterhin eine Beachtung der Situation, der Atmosphäre, der (liturgischen) Funktion, der Dramaturgie und wesentlicher Inhalte des Gottesdienstes voraus (vgl. Kapitel 3.1 und 3.14).

Im besten Fall basiert die Liedauswahl auf der Kenntnis empirischer Befunde zum Singen – allgemein und auch in einer konkreten Gemeinde (vgl. Kapitel 4.1). Schließlich sollte immer dann, wenn eine möglichst breite und heterogene Gruppe angesprochen werden soll, auch musikalisch und stilistisch auf Vielfalt und Ausgewogenheit geachtet werden (vgl. Kapitel 5.1).

Diese allgemeinen Aspekte der Liedauswahl werden im Folgenden an den vier Liedern konkretisiert, die üblicherweise in jedem evangelischen

Gottesdienst nach den agendarischen Vorgaben des Gottesdienstbuchs vorkommen (vgl. auch Dremel/Ratzmann 2014, 183–185). Sie lassen sich ganz oder teilweise auch auf andere gottesdienstliche Formen, mitunter anderer konfessioneller Prägungen übertragen.

Eingangslied

Das Eingangslied führt die Gemeinde ins Singen sowie in den Gottesdienst ein. Als Lied, das die Gemeinde im Gottesdienst früh beteiligt, sollte es gut singbar sein: nicht zu hoch, nicht zu komplex. Das Eingangslied sammelt die Gemeinde, das heißt es führt vom Alltag in die Atmosphäre des Gottesdienstes ein. Deswegen sollte jenseits aller liturgischen und theologischen Fragen bei der Liedauswahl hier das »ins Singen kommen« oberste Priorität haben.

Ins Singen kommen

Historisch hat sich das Eingangslied aus dem Introitus-Psalm entwickelt; insofern kann an dieser Stelle ein Psalmlied ausgewählt werden. Denkbar sind auch Lieder, die thematisch in den Gottesdienst einführen sowie solche zur (liturgischen) Jahres- oder Tageszeit. Doch eignet sich nicht jedes Morgenlied zur Eröffnung eines Sonntagsgottesdienstes. Es gilt beispielsweise zu bedenken, dass am späten Sonntagvormittag die Bilder von den Liedern, die den Aufgang der Sonne bzw. den anbrechenden Tag in den Mittelpunkt stellen, oft nicht mehr passend sind. Weiterhin sollte bei der Auswahl von Strophen bedacht werden, dass viele Morgenlieder den beginnenden Arbeitstag im Blick haben, und gerade nicht den Sonntagmorgen (z. B. EG 444,5 *In meinem Studieren* oder EG 443,7 *Greif an das Werk mit Freuden*).

Gradual-/Wochenlied

Das Graduallied ist das Lied auf dem Weg zur Lesung des Evangeliums: Das lateinische Wort »gradus« bezeichnet den Schritt oder die Stufe, hier auf dem Weg zum Ort der Lesung im Altarraum. Es steht inhaltlich in thematischem Bezug zu den Lesungen und bildet so in evangelischer Tradition das prägende Hauptlied des jeweiligen Sonn- bzw. Feiertags. Die seit 2018 gültige »Ordnung der gottesdienstlichen Texte und Lieder« sieht für jeden Sonn- und Feiertag regelmäßig zwei Wochenlieder unterschiedlicher Stile bzw. Epochen vor. Damit weicht die Liste der Wochenlieder von den Angaben ab, die in den 1990er-Jahren im liturgischen Kalender des Evangelischen Gesangbuchs abgedruckt waren. Die aktuelle Liste ist in entsprechenden Publikationen und Materialien zum Gottesdienst enthalten und online über zentrale Websites der Evangelischen Kirche in

Perikopenordnung

Deutschland (www.ekd.de, www.velkd.de und www.uek-online.de) abrufbar.

In der Grundform 2 des Evangelischen Gottesdienstbuchs ist nur ein Wochen-/Graduallied vorgesehen, in Grundform 1 sind zwei Lieder möglich. Zumeist wird dann das Lied unmittelbar vor der Predigt als Lied (-strophe) zur Vorbereitung der Predigt ausgewählt. Wenn an einem Sonn- und Feiertag kein besonderer Kasus begangen wird und die vorgeschlagenen Lesungs- bzw. Predigttexte ausgewählt werden, sollte nach Möglichkeit auch eines der vorgeschlagenen Wochenlieder gesungen werden. Die Wochenlieder erinnern – wie die festgelegten Perikopentexte – daran, dass der Gottesdienst eine gemeinschaftliche Feier auch über den jeweiligen gottesdienstlichen Raum hinaus ist. Mit dem Wochenlied schreibt sich die anwesende Gemeinde in die singende Gemeinschaft aller Christenmenschen ein, die an anderen Orten ebenfalls dieses Lied singen – unabhängig vom persönlichen Geschmack des Pfarrers oder der Kirchenmusikerin. Schließlich dient das regelmäßige Singen eines vorgeschlagenen Liedes – wenigstens einmal im Jahr in möglichst vielen Gottesdiensten – auch der Repertoirebildung und der Pflege eines Kernbestands an Liedern.

Singende christliche Gemeinschaft

Predigtlied

Das Lied unmittelbar im Anschluss an die Predigt korrespondiert mit der Predigt und dem ihr zugrundeliegenden Bibeltext. Dabei können Aspekte der Predigt verstärkt und weitergeführt oder auch alternative Perspektiven ergänzt werden. Die Auswahl des Predigtliedes liegt üblicherweise bei der jeweiligen Predigerin. Das Predigtlied greift das zuvor Gesagte insofern dialogisch auf, als hier nun die Gemeinde auf den Vortrag einer Einzelperson reagiert. Diese Funktion wird auch erfüllt, wenn nach der Predigt unmittelbar ein gesungenes Glaubensbekenntnis folgt: Die Gemeinde antwortet dann mit ihrem Bekenntnis auf die Predigt. Um das in der Predigt Gehörte bei der Gemeinde wirken zu lassen und um Raum für ein individuelles Nachdenken über die Predigt zu ermöglichen, kann das Predigtlied auch bewusst durch den Vortrag vokaler oder instrumentaler Musik ersetzt werden.

Schlusslied

Welche Stimmung?

Grundlegende Frage für die Auswahl des Schlussliedes ist: In welcher Stimmung soll die Gemeinde den Gottesdienstraum verlassen? Das Schlusslied soll einerseits das liturgische Geschehen und die Themen des Gottesdienstes bündeln. Anderseits besteht die Gefahr einer unnötigen »Verlängerung der Predigt«, wenn am Ende des Gottesdienstes noch einmal Aspekte der Predigt weitergeführt werden.

Das Schlusslied kann – korrespondierend zum Eingangslied – tages- und jahreszeitliche Bezüge aufweisen. Häufig hat das Schlusslied auch Lob- und Dankcharakter, insbesondere nach der Feier des Abendmahls. Wird als Schlusslied ein Segenslied ausgewählt, sollte der Zusammenhang zwischen Lied und gesprochenem Segen nicht durch andere Texte wie z. B. Bekanntmachungen unterbrochen werden.

Literaturempfehlungen für die Praxis

Für die Auswahl dieser Lieder gibt es verschiedene, häufig in bestimmten landeskirchlichen Kontexten entstandene Arbeitshilfen wie die Publikationen »Liederkompass« (2018), »Lied trifft Text« (2020) und »Texte und Lieder für die Sonn- und Feiertage« (2019). Hinweise und Materialien findet man auch unter www.kirchenjahr-evangelisch.de. Die Internetseiten der katholischen Bistümer in Deutschland bieten ebenfalls teilweise ausführliche Hinweise zu ausgewählten Liedern und Gesängen für die verschiedenen Sonn- und Feiertage im Jahreskreis.

6.2 Singen im Gottesdienst II: Lieder kennenlernen und üben

Kernlieder

Wie fördert man das Singen in einer Gemeinde? Zunächst einmal, indem einzelne Gruppen – dazu zählt auch die Gemeinde der regelmäßigen Gottesdienstbesucher – ihren je eigenen Liederschatz pflegen. Dabei wird Bekanntes und Beliebtes wiederholt: das wiederkehrende Lied zur Eröffnung des Kindergottesdienstes, das Lied, das zur Erkennungsmelodie eines Chores wird, die Lieder, die immer wieder mit einer Konfirmandengruppe gesungen werden.

Kernlieder

Die badische und die württembergische Landeskirche haben schon vor einigen Jahren eine Liste von (nur) 33 sogenannten Kernliedern erstellt. Ziel dieser Liste ist die Pflege eines gemeinsamen »evangelischen Liederschatzes« über die Grenzen einzelner Milieus und Gruppen hinaus, zu unterschiedlichen Themen, aus verschiedenen Stilen und Genres.

Das wiederholte Singen von Kernliedern muss dabei nicht immer gleich klingen. Ein und dasselbe Lied kann unterschiedliche Klanggestalt haben, je nachdem wer es auf welchem Instrument mit welchem Begleitstil zum Klingen bringt.

Monatslieder

Neben der Pflege des je eigenen Repertoires als Gruppe und dem Aufbau eines Kernliederbestands gehört zum Singen in Gottesdienst und Gemeinde aber auch die Erweiterung des Repertoires, das Kennenlernen neuer Lieder. Eine Möglichkeit, mit der Gemeinde unbekanntere neue oder ältere Lieder zu üben, ist die Form des Monatslieds: Ein bestimmtes Lied wird in einem Monat in jedem Gottesdienst der Gemeinde gesungen, soweit möglich auch in Gruppen und Kreisen und bei Veranstaltungen. Wenn sich Interessierte finden, kann das Monatslied von einer Gruppe ausgewählt werden und auch mit weiteren Informationen im Gemeindebrief oder auf einer Gemeindehomepage vorgestellt werden.

Monatslieder

Wenn Chöre in einer Gemeinde vorhanden sind, können diese das Monatslied ebenfalls singen bzw. in Gottesdiensten und Gemeindegruppen vor- und ansingen. Das Singen eines gemeinsamen Liedes im Gottesdienst und allen Gemeindegruppen stärkt das Empfinden der gesamten Gemeinde als »Singgemeinschaft«. Menschen, die häufiger den Gottesdienst besuchen und gegebenenfalls noch weitere Gemeindegruppen, werden unbekannte, und sogar als schwierig empfundene Lieder dadurch einüben. Menschen, die vielleicht nur einmal an einem Gottesdienst oder einer Veranstaltung der Gemeinde teilnehmen, finden dadurch Menschen, an die sie sich im Gesang »anlehnen« können. Keine noch so gute Orgelbegleitung oder Anleitung zum Singen kann eine sangesfreudige und sangeskundige Gemeinde ersetzen.

Im Gottesdienst üben

Der Gottesdienst ist keine Chorprobe. Gleichwohl gibt es erprobte Formen, um einzelne Lieder auch im Kontext eines Gottesdienstes einzuüben. Für das Gemeindesingen (immerhin ordentliches Unterrichtsfach im Kirchenmusik-Studium) bzw. das Üben mit der gottesdienstlichen Gemeinde gelten einige der zur Liedauswahl entwickelten Kriterien in besonderer Weise. Neben den Kenntnissen Singen und Anleiten ist ein besonderes Gespür für die Situation, die Atmosphäre und für die Dramaturgie eines Gottesdiensts elementar. Es gibt gottesdienstliche Situationen, in denen das Einüben von Liedern erwünscht und üblich ist – bei besonderen Formaten wie dem Weltgebetstag oder auch in Lobpreis-Gottesdiensten, bei denen eine bestimmte Form des Einübens und wechselseitigen Einstimmens sogar grundlegend zum Konzept gehört. Es gibt aber auch Situationen, in denen das Einüben von Liedern im Gottesdienst eher schwierig ist – etwa dann, wenn trauernde Angehörige

Mögliche und unmögliche Situationen

am Gottesdienst teilnehmen, wenn es in der Gemeinde üblich ist, sich in Stille auf den Gottesdienst einzustimmen oder die Atmosphäre in einem Gottesdienst aus anderen Gründen einem Einüben entgegensteht. Auch hier gilt: Eine feste liturgische Form kann Sicherheit für Einzelfälle geben. Wenn vor jedem Gottesdienst Lieder angesungen werden, löst es in einem Einzelfall auch kein Befremden aus.

Wichtig ist eine Auswahl: Das Einüben aller Lieder scheitert häufig schon daran, dass unmittelbar vor dem Gottesdienst zu wenig Zeit mit der gesamten Gemeinde zur Verfügung steht. Wenn die Gemeinde mit zwei oder drei Liedern vertraut ist, können ein bis zwei unbekanntere Lieder gut eingeübt werden.

Vor dem Gottesdienst

Die bisherigen Anmerkungen gelten für das Einüben vor Beginn des Gottesdienstes. Auf das regelmäßige Einüben von Gesängen während des Gottesdiensts wird zumeist verzichtet, um die liturgische Dramaturgie nicht zu unterbrechen.

Nicht nur zur Pflege des Repertoires, sondern auch beim Einüben eines unbekannten Liedes kommt der Wiederholung große Bedeutung zu. So übt allein das Singen mehrerer Strophen eines Lieds und »nirgends steht geschrieben, dass eine Liedstrophe im Gottesdienst nur einmal vorkommen darf« (Klek 2008, 111).

Kombination mit Liedvorträgen

Schließlich gehört die Einschätzung, ob ein bestimmtes Lied mit einer bestimmten Gemeinde – auch nach einer kurzen Einübung – angemessen singbar ist, zur liturgischen und kirchenmusikalischen Kompetenz der beteiligten Akteure. Das gilt auch und gerade dann, wenn dieses Lied in einem Gesangbuch abgedruckt ist und für manche allein dadurch Singbarkeit suggeriert wird. Bei aller Hochschätzung des gemeinschaftlichen Singens im Gottesdienst dienen ein gelungener Liedvortrag einer Einzelperson oder einer Gruppe (auch mit einfachen Mitteln) oder eine gute Kombination von Vorsängerinnen und Gruppen (etwa mit einem gemeinsam gesungenen Refrain, der vom solistischen Vortrag unterbrochen wird) dem gemeinschaftlichen Singen und der liturgischen Dramaturgie mehr als ein kläglicher Gemeindegesang. Im Idealfall erreicht gelungene Anleitung zum Singen beides: Befähigung zum Singen (für Geübte und Ungeübte) und Vielfalt der Sing- und Sprechformen im Gottesdienst.

Literaturempfehlungen für die Praxis

Die Liste der Kernlieder mit Anregungen für die Praxis findet sich unter www.kirchenmusik.elk-wue.de/kernlieder. Die beiden praxisnahen Werkbücher von Cyganek (2011) und Seidel-Humburger (2020) sind auch online verfügbar. Kirschbaum (2014) stellt umfangreiche Singmodelle vor, während der Sammelband von Reinke (2014b) vielfältige Praxisanregungen zum Singen in der Gemeinde bietet.

6.3 Singen im Gottesdienst III: Anschlagen, Ansagen, Abdrucken

> Gottesdienstbesuch am Urlaubsort: Am Eingang werde ich freundlich begrüßt und erhalte ein Gesangbuch, in dem auf den ersten beiden Seiten ein Blatt eingeklebt ist mit der Überschrift »So feiern wir Gottesdienst.« Hier sind in durchaus ansprechendem Layout Texte und liturgische Stücke abgedruckt, teilweise mit Querverweisen ins Gesangbuch. Nachdem ich Platz genommen habe, fällt mein Blick auf die Liedanzeige-Tafel – hier sind sechs Liednummern sowie Strophenangaben notiert. Der Gottesdienst beginnt mit Orgelmusik; ich bereite mich auf einen im Stehen gesungenen Wechselgruß laut Informationsblatt vor und erhebe mich nach dem Orgelvorspiel – als Einziger. Der Pfarrer (keine Urlaubsvertretung, sondern der Pfarrer der Gemeinde) deutet mir freundlich an, ich möge mich setzen. Ein Wechselgruß folgt auch mit der sitzenden Gemeinde nicht. Nach einer ausführlichen Begrüßung kündigt der Pfarrer an, dass jetzt »das erste angeschlagene Lied« gesungen werde. Es folgt die Eingangsliturgie, bei der etwa die Hälfte der Texte und Stücke dem abgedruckten Ablauf entspricht. Während der später folgenden Abendmahlsfeier wird das abgedruckte »Christe, du Lamm Gottes« gar nicht gesungen. Anstatt der im Ablauf vorgesehenen »Sanctus-Strophe EG 331,2« stimmt der Pfarrer, offensichtlich auch überraschend für die Organistin, ein Taizé-Sanctus an. Einige Gemeindemitglieder stimmen bei der Wiederholung vorsichtig ein. Das Schlusslied wird nach einer anderen Melodie als der im Gesangbuch abgedruckten gesungen; darauf weist der Pfarrer aber nicht hin.

Liturgische Moderation

Zum Singen im Gottesdienst gehört die Frage, wie die Gemeinde auf die Lieder hingewiesen wird. Die geschilderte Szene liefert mehrere Beispiele für missglückte liturgische Moderation und zeigt die Notwendigkeit einer überlegten Einführung und Einübung von Liedern im Gottesdienst (vgl. Kapitel 6.2).

Wie, mit welchen Medien wird das Singen im Gottesdienst angekündigt und unterstützt? Ein gut gestalteter Ablaufplan zum Gottesdienst, der auch Hinweise auf die Musik gibt, ist für regelmäßigere Gottesdienstteilnehmer und für die liturgischen Handelnden eine gute Orientierung. Das gilt umso mehr für Menschen, die selten oder nur einmal an diesem Ort einen Gottesdienst besuchen und mit dem Ablaufplan signalisiert bekommen: »Wir wollen, dass du an diesem Gottesdienst aktiv teilnimmst.« Auf ähnliche Weise ermöglicht das am Eingang ausgeteilte Gesangbuch Teilnahme und Singen.

Wenn aber für den Gottesdienst ein Ablauf ausgegeben wird, dann sollte dieser auch so zur Anwendung kommen. Und wenn eine Liedanzeige vorhanden ist und dort die Lieder und Strophen angeschlagen sind, sollten diese nicht noch einmal mündlich angekündigt werden – es sei denn, es gibt ganz spezifische Gründe dafür, wie etwa die parallele Online-Übertragung eines Gottesdienstes. Unabhängig von der grundsätzlichen liturgischen Frage, wieviel in einem Gottesdienst auf einer Metaebene »moderiert« (vgl. Schroeter-Wittke 2010) werden sollte: Wenn die mündliche Ankündigung über die Liednummer und Strophen, die ohnehin angeschlagen sind, hinaus keine zusätzlichen Informationen gibt, kann darauf getrost verzichtet werden.

Werden für bestimmte Anlässe – meistens geht es dabei um gut besuchte Gottesdienste oder Kasualgottesdienste – liturgische Abläufe bzw. Liedzettel erstellt, sollte auf eine angemessene, singbare Darstellung der Lieder geachtet werden. Gerade bei unbekannteren Melodien (das gilt im konkreten Fall häufig für nahezu alle Lieder) und bei komplexeren Strukturen (Formen, die über ein einfaches Strophenlied hinausgehen) bieten Gesangbücher mit Noten eine Orientierung zum Mitsingen, auch für diejenigen, die keine Noten lesen können.

6.4 Singen und Musik bei Kasualien: Beraten, Begleiten, Einspielen

Beraten

In den letzten Jahren haben vermehrt Agenturen und Einrichtungen eröffnet, die ein zentrales Beratungsangebot zur Gestaltung von Kasualien schaffen. Zur Kasualagentur gehören im Idealfall auch kompetente Ansprechpersonen für die musikalische Gestaltung. Ein Beispiel bietet etwa das Angebot der Einrichtung »St. Moment« in Hamburg (https://stmoment.hamburg/). Gute Beratung bedeutet aber auch, darauf hinzuweisen, dass die musikalische Gestaltung entscheidend von den beteiligten Akteuren und der jeweiligen Situation abhängt.

Gerade jenseits von professionellen Agenturen ist das musikalische Beratungsangebot für Kasualien noch ausbaufähig – das gilt auch dann, wenn vielerorts die Musikauswahl bereits wichtiger Bestandteil von Kasualgesprächen ist. Einzelne oder kooperierende Gemeinden in der Region können die musikalische Gestaltung von Kasualien beratend unterstützen. Das gilt etwa für die Auswahl von Musik und Musikern, für die Vorbereitung von Material (z. B. Bereitstellung von Noten und Texten in elektronischer Form) oder auch technische Ressourcen (vorhandene Instrumente, Anschluss- und Einsatzmöglichkeiten mitgebrachter Instrumente, Audioanlage).

Regionale Unterstützung

Kirchenmusikerinnen sollten die Kompetenz für solche Kasualmusikberatungen erwerben. Die Gemeinden sollten für diese Angebote, die außerhalb kirchlicher Strukturen oft selbstverständlich sind (z. B. über Hochzeitsplaner oder Beerdigungsinstitute), Orte schaffen.

Begleiten

Aufgabenbereiche der Kirchenmusiker

Viele rechtliche Bestimmungen für den kirchenmusikalischen Dienst sehen vor, dass die Kirchenmusikerin für die komplette Musik in einem Gottesdienst verantwortlich ist. Das gilt regelmäßig auch dann, wenn an diesem Gottesdienst andere Musiker und Musikgruppen mitwirken. Die Praxis sieht jedoch häufig anders aus: Die Mitwirkung des Kirchenmusikers erschöpft sich in der Begleitung von (wenigen) Gemeindeliedern, während das Gros der Musik von anderen Personen beigesteuert wird. Hinzu kommt häufig noch die Klage darüber, dass die »externen« Musiker bei teilweise deutlich geringerer Qualität oft deutlich mehr Honorar erhalten als der Kirchenmusiker für einen »Nebengottesdienst«.

Es besteht also Bedarf an kirchenmusikalischer Begleitung im mehrfachen Wortsinn. Wenn die Musikwünsche für die Kasualie individueller und diverser werden, ist eine Erweiterung des kirchenmusikalischen Repertoires nötig. Es braucht Kirchenmusikerinnen, die Musiker in möglichst vielfältigen Genres stilsicher begleiten können und auch selbst Musikwünsche jenseits der klassischen Liedbegleitung und Orgelliteratur erfüllen können. Wo das nicht möglich ist, gehört zur Beratung und Begleitung, andere Musikerinnen bei der technischen Umsetzung vor Ort zu unterstützen (Nutzung von Instrumenten und Audioanlagen).

Einspielen

Zunehmend wird Musik bei Kasualien ganz oder teilweise digital eingespielt. Dabei geht es schon längst um wesentlich mehr als um den Ersatz für einen Organisten, der sich an einem Werktag nur schwer finden lässt. Es ist vielmehr angemessen und richtig, dass Musik dann eingespielt wird, wenn weder die Musikerinnen noch die Instrumente eine authentische Aufführung der gewünschten Musik ermöglichen.

Digitale Präsenz

Der Wert von gemeinschaftlichem Singen, gerade bei Trauerfeiern und bei der Trauerbegleitung, wurde vielfach betont. Trotzdem ist qualitativ hochwertige (klassische) Kirchenmusik im digitalen Raum noch viel zu wenig präsent: Es fehlen einfach verfügbare, musikalisch hochwertige Angebote von »Gebrauchsmusik« für Kasualien – eingespielt von überregionalen Kirchenmusikerinnen, aber auch von Kirchenmusikern einer Region an den Instrumenten der jeweiligen Orte.

Es braucht technische und personelle Ressourcen, um solche Angebote zu erstellen, außerdem rechtliche Klärungen: Was darf unter welchen Bedingungen wo abgespielt werden? Besonders wenn aus den unterschiedlichsten Gründen ausschließlich digitale Musik eingespielt wird – man denke nur an Orte für Bestattungen, an denen sich zwar eine Trauergemeinde versammeln kann, aber weder Instrument noch Musiker vorhanden sind – sollte auch qualitativ hochwertige Kirchenmusik im Angebot sein. Um als Kirchenmusik hier überhaupt hörbar zu sein, bedarf es digitaler Präsenz.

Literaturempfehlungen für die Praxis

Die Werkbücher von Cyganek (2011) und Reinke (2014b) sowie verschiedene Veröffentlichungen von Reinke (2008 und 2011b) und Friedrichs (2020, Abschnitt 3.5) bieten praktische Impulse zur Kasualmusik.

6.5 Singen mit Kindern und Jugendlichen

Beim Singen mit Kindern und Jugendlichen stellen sich einerseits bekannte Fragen, die für andere Altersgruppen genauso relevant sind: Welche Lieder sollen ausgewählt werden? Orientiert man sich bei der Liedauswahl eher am Musikgeschmack der Zielgruppe (hier: Kinder und Jugendliche) oder sollen bislang eher unbekannte Lieder und Genres gemeinsam entdeckt, erarbeitet und eingeübt werden? Wie lässt sich angesichts einer individualisierten Rezeption von Musik in allen Altersgruppen überhaupt von »dem« Musikgeschmack einer bestimmten Gruppe, an den anzuknüpfen wäre, sprechen?

Andererseits zeigen sich beim Singen mit Kindern und Jugendlichen besondere Herausforderungen: Singhäufigkeit und Singfähigkeit neh-

Besondere Herausforderungen

men im familiären Kontext genauso ab wie die religiöse Sozialisation. Der Musikgeschmack differiert auch innerhalb unterschiedlicher Jugendkulturen deutlich. Musik wird von Kindern und Jugendlichen höchst individuell ausgewählt, zum Ausdruck einer Stimmung genutzt und gehört. Im Jugendalter wird die kindliche Unbefangenheit zudem oft von Unsicherheit oder Scham abgelöst: Singen in Gemeinschaft (von Mädchen und Jungen) in Zeiten des Stimmbruchs ist nicht selbstverständlich.

Was benötigen Kinder und Jugendliche, um gemeinschaftlich ins Singen zu kommen? »Zum Einstieg ins gemeinsame Singen sollten Lieder gewählt werden, die möglichst alle kennen. Erst wer sich ›warm gesungen‹ hat, ist offen für neue Lieder« (Ilg 2021, 105). In regelmäßigen Veranstaltungen mit wechselnden Teilnehmenden (z. B. Kindergottesdiensten) kann zum Einstieg aus wenigen, immer wieder gesungenen Liedern ausgewählt werden. Der Wunsch, »mal etwas anderes« zu singen, kommt zumeist eher von erwachsenen Gruppenleitungen, die bereits eine längere Geschichte mit dem ein oder anderen Lied haben. Kinder und Jugendliche dagegen erfahren oft ein bestimmtes, wiederkehrendes Lied als identitätsstiftend in einer bestimmten Gruppe oder Situation. In Gruppen, die sich neu finden (z. B. zu Beginn der Konfirmandenzeit) sollten möglichst einfache, leicht erlernbare Formen ausgewählt werden. Begleitung und Anleitung zum Singen sind wesentliche Voraussetzungen, um ins Singen zu kommen. Gerade zum Einstieg sollten weder die Liedauswahl (»Wünscht euch doch mal ein Lied!«) noch die Liedbegleitung ungeplant bleiben und spontan erfolgen.

Begleitung und Anleitung

Auch für Gottesdienste mit Kindern und Jugendlichen gilt (vgl. oben Kapitel 6.2): Singen im Allgemeinen und das Singen konkreter Lieder im Besonderen benötigt Übung. Was nicht im Religionsunterricht oder vor einem Schulgottesdienst vorbereitet wurde, wird dort nicht klingen! Vergleichbares gilt für Kinder- und Jugendgottesdienste oder besondere Gottesdienste mit Konfirmandinnen und Konfirmanden. Übung und Vorbereitung sind wenigstens ebenso wichtig wie die Liedauswahl.

Singen mit Kindern und Jugendlichen muss in besonderer Weise vielstimmig und vielfältig sein (vgl. Kapitel 8.2). Das gilt zunächst für musikalische Stile und Begleitformen: Gitarre, Klavier und Band können und sollten in der Kinder- und Jugendarbeit genauso eine Rolle spielen wie Orgel, Posaunenchor oder Streichinstrumente. Nur weil ein Lied auf einem bestimmten Instrument gespielt wird, wird es nicht kindgerechter oder jugendgemäßer. Zur Vielfältigkeit gehört auch die Nutzung möglichst unterschiedlicher Gesang- und Liederbücher (vgl. den Überblick in Kapitel 9.1). Schließlich sollten Kinder und Jugendliche selbst vielfältige Musik und Lieder einbringen und vorstellen können. Über das Singen von Liedern lassen sich eigene theologische Fragen entwickeln und zugleich werden andere, auch fremde Positionen erfahrbar. Singen kann zur Einführung und Einübung in den christlichen Glauben werden. Das gilt für viele kirchliche Orte, in besonderer Weise aber für Kinder- und Jugendchöre, ob in regelmäßigen oder projektgebundenen Formen, deren religionspädagogisches Potenzial kaum überschätzt werden kann (vgl. auch Kapitel 5.4).

Einführung und Einübung in den christlichen Glauben

Singen verbindet nicht nur verschiedene kirchliche Orte und Handlungsfelder. Über gemeinschaftliches Singen in Gottesdienst und Gemeindearbeit kann bei Kindern und Jugendlichen vielmehr aktive Partizipation gestärkt werden.

Literaturempfehlungen für die Praxis

Das umfangreiche Kompendium »Musik in Schule und Gemeinde« (Bubmann/Landgraf 2006) bietet neben theoretischen Reflexionen konkrete Materialien zur Arbeit mit Kirchenliedern, Gesangbüchern und populärer Musik. Hingewiesen sei ebenfalls auf die Initiative »Singen mit Kindern« (www.singen-mit-kindern.de) sowie auf die Veröffentlichungen von Ilg (2021, 103–107), Lübking (2021, 105), Schoberth (2005) und Seidel-Humburger u. a. (2020), die jeweils unterschiedliche Aspekte des Singens mit Jugendlichen reflektieren; vgl. zur Arbeit mit Konfirmandengruppen auch die Literaturangaben im folgenden Abschnitt 6.6.

6.6 Singen und Gesangbuch: gemeindepädagogische Anregungen

Nicht nur Lieder

Nur etwa zwei Drittel der Seiten im Evangelischen Gesangbuch sind mit Noten und Liedstrophen gefüllt. Das Gesangbuch bietet viel mehr Material, das häufig nicht bekannt ist: Informationen zur Entstehung von Text und Melodie direkt unter jedem Lied, Informationen zur Kirchenliedgeschichte, zu Komponistinnen und Liederdichtern am Ende. Seit Entstehung des Evangelischen Gesangbuchs sind verschiedene Liederkunden (grundlegend Bubmann/Klek 2012, EKD 2000, Herbst 2001, Thust 2012) und Materialien zur praktischen Gemeindearbeit (exemplarisch Bubmann/Landgraf 2006 und Reinke 2014b) erschienen. Sie bieten Informationen zu einzelnen Liedern und Gesängen, stellen verschiedene Formen des Singens vor und bieten Interpretationshilfen. Zum aktuellen katholischen Gebet- und Gesangbuch »Gotteslob« gibt es umfangreiche Online-Materialien (www.mein-gotteslob.de), die nicht nur hymnologische Informationen geben, sondern auch Modelle zum gemeinsamen Singen vorstellen.

Ziele des Singens

Singen und die Arbeit mit Gesangbüchern kann unterschiedliche religions-, gemeinde- und musikpädagogische Ziele verfolgen, beispielsweise:

- Singen als Gemeinschaftserlebnis innerhalb einzelner Gruppen oder einer ganzen Gemeinde,
- Singen als Einübung und Vorbereitung von Gottesdiensten sowie Erarbeitung eines Repertoires,
- Erlernen elementarer Fähigkeiten des (gemeinschaftlichen) Singens und Sprechens,
- Vertiefte Betrachtung einzelner Lieder (Dichter, Komponistinnen, Genres) und deren Theologie.

Falsche Zuschreibungen

Zwei grundsätzliche Punkte sollten bei der Gemeindearbeit mit Liedern und Gesangbüchern bedacht werden. Erstens braucht die Auswahl von Liedern Sorgfalt und das Anleiten des Singens (professionelle) Kompetenz: Nur weil eine Band das Singen der Konfirmanden begleitet, wird dadurch nicht per se, etwa im Gegenüber zur Begleitung durch eine erfahrene Organistin, das Singen gefördert. Kinder und Jugendliche kommen mit »neuen Liedern« und bestimmten Genres nicht leichter ins Singen – genauso wenig wie prinzipiell klassische Kirchenlieder für Seniorenkreise besser geeignet sind. Damit hängt der zweite Punkt zusammen: Nimmt man die musikalischen Hörgewohnheiten im Alltag wirklich ernst, wird man nicht nur eine große Diversität innerhalb vermeintlich homogener Gruppen (»die Konfirmanden«, »die Jugendlichen«, »die Senioren«) feststellen, sondern auch eingestehen müssen, dass nahezu sämtliche Formen kirchlichen Singens eine Fremdheitserfahrung für alle darstellen. Sie sind »Zeitreisen in eine fremde religiös-kulturelle Herkunft, die aber bei entsprechender didaktischer Vorbereitung« (Lübking 2021, 105) durch kompetente Reiseführer mit Gewinn entdeckt werden können.

Praktische Anregungen

Eine höchst unvollständige Liste von Beispielen und der erneute Verweis auf Material und Literatur muss an dieser Stelle als Anregung für die Praxis genügen:

- Wiederholung hilft dabei, neue Lieder einzuüben und ein Repertoire aufzubauen. Eine »Kernliederliste« (vgl. Kapitel 6.2) bietet beispielsweise in der Konfirmandenarbeit die Möglichkeit, einen bestimmten

Liederbestand immer wieder zu singen (etwa 15 Lieder sind für die Konfirmandenzeit ausreichend). Daneben lässt sich eine Konfirmanden-Kernliederliste um im Gottesdienst gesungene Lieder erweitern und damit auch zur Wunschliederliste für Vorstellungsgottesdienste und Konfirmationen ausbauen.
- Singen und Musizieren sind leibliche Phänomene – für die erfahrene Sängerin wie für den, der von sich selbst behauptet, er könne nicht singen. Die Verknüpfung des Singens mit Bewegung – vom bewussten Atmen über tanzende Schritte bis hin zu Body Percussion – kann dabei unterstützen, ins Singen zu kommen. Über Rhythmus und Bewegung lassen sich häufig auch Personen einbeziehen, bei denen das Singen eher schambehaftet ist.
- Singen und Musizieren verbindet über konfessionelle und religiöse Grenzen hinweg; gerade Musik kann ein Schlüssel für Begegnungen sein. Vergleichbares gilt auch für den Kontakt mit Personen und Gruppen außerhalb von Kirchen und Religionsgemeinschaften: Stellen Sie anderen Gruppen »Ihr Lied« vor und steigen beim »Lied der anderen« mit ein.
- Es ist gut, wenn Kinder, Jugendliche und Erwachsene »ihr Lied« in die Gemeindegruppe mitbringen, gerade dann, wenn dieses außerhalb des Spektrums liegt, das üblicherweise von Pfarrerin und Kirchenmusiker vertreten wird. Predigten oder Konfirmandenunterricht über das »Lied der Anderen« können Milieus verbinden und Perspektiven weiten, leicht aber auch als anbiedernd und peinlich empfunden werden.
- Über das Singen und Erschließen von unbekannten oder auch vermeintlich bekannten Liedern können Gruppen gut ins Theologisieren kommen. Dabei können auch gut verschiedene Gruppen gemeinsam ins Gespräch kommen – über die Musik, den Text, die Intention, die Bedeutung für die Gegenwart.

Literaturempfehlungen für die Praxis

Neben den bereits in den vergangenen Abschnitten genannten Werkbüchern sei hier noch einmal das praxisorientierte Kompendium von Bubmann/Landgraf (2006) genannt. Für die Arbeit mit Konfirmandengruppen und Jugendlichen finden sich vielfältige Materialien in Adam u. a. (2013), auf der Themenseite »Musik in der Konfi-Arbeit« des hessischen religionspädagogischen Instituts (www.rpi-ekkw-ekhn.de/home/bereiche/rpi-arbeitsbereiche/konfirmandenarbeit/material/themenseite-musik-in-der-konfi-arbeit) und in den entsprechenden Abschnitten bei Ilg (2021, 103–107) und Marti (2001b, 183–189).

6.7 Singen und Seelsorge: ein Praxisbeispiel (Anja Conrad)

> Frau M. (74 Jahre) gehört zu den diamantenen Konfirmanden. Im Gespräch mit der Pfarrerin wünscht sie sich für den Gottesdienst »fröhliche Lieder«, die viele Leute mitsingen können (z. B. *Geh aus mein Herz,* EG 503). Sie singe gerne und habe sich bewusst für ihren Konfirmationsspruch entschieden: »Ich will dem Herrn singen mein Leben lang und meinen Gott loben, solange ich bin« (Ps 104,33). Die Pfarrerin nimmt die Vorschläge auf. Der Gottesdienst besteht musikalisch aus traditionellen Liedern und modernen Instrumental- und Chorstücken. Die Mischung wird als wohltuend, festlich und abwechslungsreich rückgemeldet. – Ein halbes Jahr später liegt Frau M. mit einer schweren Krebsdiagnose in der Klinik. Quarantänebedingt ist ein von ihr angefragter Besuch nicht möglich. Die Pfarrerin schreibt einen Brief. Darin erzählt sie von ihrer Erinnerung an Frau M.s Konfirmationsspruch und den Gottesdienst. Weiter äußert sie den Gedanken, dass es Frau M. vermutlich gerade wenig nach Singen zumute sei. Dem Brief legt sie einen Handschmeichler aus Holz bei, in den die Liedzeile *Abend und Morgen sind seine Sorgen* (EG 449,4) eingeprägt ist. Sie zitiert die Strophe und äußert ihre Hoffnung auf ein baldiges Ende der Quarantäne für Frau M. Zwei Tage später erhält sie eine SMS von Frau M.s Tochter, in der sie deren Dank ausrichtet. Der Gruß in die Quarantäne hinein habe sie sehr erfreut und der Handschmeichler sei ein steter Begleiter. Nach der OP hoffe sie auf ein gemeinsames Kaffeetrinken.

Seelsorge hat hier in verschiedener Weise stattgefunden: Im Hören und Umsetzen von musikalischen Wünschen, im Singen, im Schreiben eines Briefs, in der Gabe eines Gegenstands, im Benennen einer Situation und einer Hoffnung für die Zukunft. Der Raum für dieses Handeln hat sich auf der Grundlage des Singens und der Kenntnis von Liedern eröffnet.

Singen symbolisiert für Frau M. Vitalität, Gemeinschaft, Gottvertrauen und Lebensdeutung. Die Pfarrerin nimmt auf dieser Basis die Beziehung zu Frau M. auf und ermöglicht ihr, ihre gegenwärtige Situation in einen gemeinsam erlebten zeitlichen Ablauf kohärent einzubetten. Der Handschmeichler mag mit der Liedstrophe offensiv theologisierend wirken. In Frau M.s isolierter Lage war er zunächst eine haptisch wahrnehmbare Zuwendung. EG 449,4 spricht von der schützenden Gegenwart Gottes im Wechsel der Tage, im Liegen wie im Aufstehen (vgl. Ps 139,2–3), verbunden mit einer Melodie im Dreierrhythmus, die (entgegen dem aus Liegen und Aufstehen bestehenden Klinikalltag) Leichtigkeit vermittelt, und die Frau M. bekannt ist. Ziel war es, Frau M.s Situation und die damit verbundenen Gefühle anzuerkennen und zugleich ihr Wissen um eine bestehende soziale Gemeinschaft zu bestätigen.

Gefühle anerkennen

Der Fall entspricht einer Frömmigkeit wie sie uns vor allem in kirchlich sozialisierten, prädigitalen Generationen begegnet. Dazu gehören das beglückende Erleben von gottesdienstlichem Gesang und die identifikatorische Lektüre von Bibelversen und Liedern. Voraussetzungen, mit denen Seelsorgende bei jüngeren Menschen weniger rechnen können. Das nahezu unbegrenzte Angebot von Musik und die Konditionierung auf kurze Aufmerksamkeitsspannen lassen Hör- und Singgewohnheiten spontaner und kurzfristiger werden. Lesen, Schreiben und die Wahrnehmung von Gemeinschaft verändern sich durch digitale Medien. Menschen lieben Musik und Lieder, aber die Vorlieben werden singulärer und die Bereitschaft, sich langfristig mit einem Lied zu beschäftigen, geht zurück. Studien in Musikwissenschaft und Psychologie zeigen jedoch, dass Menschen Lebensereignisse weiterhin über Lieder symbolisieren. Im Lied können sich Menschen Erinnerungen und Zukunftsperspektiven zu- oder abwenden, diese erzählen, wenn eigene Worte fehlen, sie in ihre Biographie integrieren und unter Umständen spüren, wie vergessene Ressourcen reaktiviert werden. Von Seelsorgenden erfordert das eine stilistische Flexibilität im Hinblick auf das, was Menschen hören können und wollen, sowie Einfühlungs- und Deutungskompetenz.

Lebensereignisse symbolisieren

Neufeld (2011) zur Bedeutung von Liedinterviews in der Lebensgeschichte sowie Kreutz (2020) mit einer Studie zum Zusammenhang von Singen und Glück.

Literaturempfehlungen für die Praxis

6.8 Gelingende Kommunikation und Multiprofessionalität

Abschnitt 4.2 hat einige Aspekte von Professionalität, Multi- und Interprofessionalität thematisiert. In der Praxis zeigen sich jedoch häufig Differenzen, unterschiedliche Vorstellungen und Wahrnehmungen von Musik, ob im Gottesdienst oder an anderer Stelle. Es ergeben sich mitunter auch Konflikte zwischen den liturgisch Handelnden, zwischen Pfarrerinnen und Kirchenmusikern.

Das Kapitel mit Anregungen für die Praxis endet daher mit zwei kurzen Briefen. Diese wurden nie versendet – und sind damit fiktiv. Sie enthalten aber ausschließlich Punkte, die in vielen Gesprächen vor und während der Arbeit an diesem Buch hörbar wurden – und sind damit durchaus erfahrungsgesättigt. Der Abdruck der Briefe hier und die Zuspitzung im Detail sollen dem gegenseitigen Verständnis und der guten interprofessionellen Zusammenarbeit dienen. Im besten Fall müssen die Briefe in der Praxis nie versendet werden.

Zwei zugespitzte Briefe

Liebe Pfarrerinnen und Pfarrer,
ja, hier spricht euer Kirchenmusiker. Ein Mensch aus Fleisch und Blut, mit Emotionen, auch mit wunden Punkten. Nicht »die Orgel spielt«, sondern ich, jeden Sonntag. Um es einmal ganz deutlich zu sagen: Selbst gemachte Musik ist gute Musik – wenn nicht einfach die Orgel spielt, nicht einfach Musik vom Band kommt, sondern von Menschen und gemeinsam mit Menschen in diesem Moment erzeugt wird. Aber dafür braucht es Zeit und Übung. Wenn ihr von mir gute Musik wollt, wenn ihr in mir mehr als einen tariflich bezahlten Streamingdienst seht, dann teilt mir doch einfach rechtzeitig mit, was ihr von mir wollt, welche Musik erklingen soll. Und vielleicht klappt es sogar das ein oder andere Mal, dass wir über die Auswahl ins Gespräch kommen und uns gegenseitig ergänzen.
Die Sache mit der rechtzeitigen Kommunikation gilt übrigens für Musizierende aller Kompetenzstufen – für diejenigen, die ihre ersten musikalischen Versuche unternehmen ohnehin. Aber auch für Profis ist das Argument »Du kannst das doch sowieso, auch wenn ich vor einem Gottesdienst nicht mit dir kommuniziere« reichlich schlecht. Ja, ich bin professionell genug und »kann das sowieso«. Es kommt eben immer das Gleiche dabei heraus. Wenn euch »das« ausreicht … Die Sache mit der frühzeitigen Kommunikation gilt vor allem dann, wenn ihr eine ganze Gruppe, Chor oder Bläser beteiligen möchtet. Sicher liegt für euch der Gottesdienst in zwei Wochen noch in weiter Ferne – unser Posaunenchor mit Menschen, die sich nach Feierabend treffen, hat bis dahin nur noch eine Probe! Vielleicht kommt euch die Zeit bis zum Gemeindefest im Sommer noch lang vor, der Kinderchor braucht aber mehrere Monate, um dort etwas aufführen zu können.
Eine Frage hätte ich noch: Wollt ihr eigentlich, dass die Professionalität vieler miteinander in der Gemeinde wirkt? Vertraut ihr auf

die Professionalität nach einer kirchenmusikalischen Ausbildung oder gar nach einem kirchenmusikalischen Studium? Seid ihr euch darüber bewusst, dass wir Kirchenmusiker zumeist eine große Erfahrung bei der Gestaltung von Gottesdiensten haben, häufig mehr als so manche Pfarrperson? Und wisst ihr eigentlich, dass wir schon in der Ausbildung für nebenberufliche Musikerinnen (im Kirchenmusik-Studium sowieso) so viel mehr über Hymnologie und Liturgik erfahren als in jedem Theologiestudium verpflichtend vorkommt? Wenn wir ein Lied auf eine bestimmte Art und Weise, in einem bestimmten Tempo mit einer bestimmten Intonation begleiten, ist das in der Regel sehr wohl überlegt. Lasst doch einfach auch die gut gemeinten Kommentare wie »Die Orgel spielt uns das jetzt mal vor« weg. Kommuniziert im Vorfeld mit uns und bringt Kritik gerne unter vier Augen nach dem Gottesdienst vor. Wenn ihr jemanden sucht, der dem Volk wirklich aufs Maul schaut, dann kommt doch mal bei den musikalischen Gemeindegruppen vorbei, die von allen kirchlichen Angeboten nach wie vor die mit Abstand höchste Reichweite und Bindungskraft haben.
Wie seht Ihr das? Können wir nicht mehr voneinander lernen und profitieren?

Euer Kirchenmusiker

PS: Warum steht im Gottesdienstplan im Gemeindebrief eigentlich immer »Gottesdienst mit Pfarrerin/Lektorin/Prädikantin X«, aber nie »Gottesdienst mit Organist Y«?

Liebe Kirchenmusikerinnen und Kirchenmusiker,
meint ihr das ernst mit der gleichberechtigten Mitwirkung im Verkündigungsdienst? Ja, bei Lichte betrachtet ist es schon ein bisschen seltsam, dass man nach einem Theologiestudium in der Regel verbeamtet auf einer Pfarrstelle landet und nach einem Kirchenmusikstudium zumeist im Angestelltenverhältnis einige Entgeltgruppen darunterliegt. Darüber sollten Kirchenleitungen sicher noch einmal nachdenken.
Wisst ihr eigentlich, wie wenig Zeit ich für die Gottesdienste in meiner Gemeinde, und erst recht für Diskussionen über die Auswahl von Liedern und Musik habe? Geschäftsführung im Kindergarten, Schulunterricht, Streit mit dem Friedhofsverwalter, die neuen Richt-

linien für den Arbeitsschutz, Notfallseelsorge, Umbau des Gemeindehauses, Kasualien, Konfi-Freizeit, Pfarrkonferenz, Predigt und noch das geistliche Wort zum Wochenende in der Zeitung – wie soll ich da wissen, welche Lieder wir in drei Wochen im Gottesdienst singen und welche Rolle der Posaunenchor dabei einnehmen soll? Ihr bringt viel Erfahrung für Gottesdienste und Konzerte mit, aber was ist mit all dem anderen? Da ist so vieles im Pfarralltag, wo gerade hauptberufliche Musikerinnen sich viel mehr einbringen könnten – in der Jugendarbeit, in anderen Gruppen und Kreisen, in der Seelsorge bei Kasualien. Und: Kommt doch mal raus aus eurer Nische und gestaltet wirklich einen ganzen Gottesdienst, nicht nur die Musik – das machen Erzieherinnen, Jugendmitarbeiter, Lektorinnen auch – und das ohne Liturgik-Studium. Warum kommt von euch so selten ein Impuls über die Musik- und Liedauswahl hinaus? Versteht ihr euch da wirklich als gleichberechtigt Mitwirkende im Verkündigungsdienst?
Ich bewundere eure Fähigkeit, Musik und Lieder aus dem 17. und 18. Jahrhundert kunstfertig und angemessen auf der Orgel zu Gehör zu bringen. Selbst wenn ich eure Leidenschaft für diese Musik teile, muss ich aber doch fragen, was ihr, was wir als Kirche darüber hinaus musikalisch zu bieten haben. Und: Nein, Jazz und Swing erweitern unsere Zielgruppe nicht wirklich. Welche anderen musikalischen Stile (und damit auch: welche anderen Menschen, die diese Musik lieben) wollt ihr gerne kennenlernen und praktisch umsetzen? Und umgekehrt: Habt ihr Ideen und Kompetenzen, wie Kinder und Jugendliche, aber auch die Generation, die gemeinsam mit AC/DC und den Rolling Stones mittlerweile im Rentenalter angekommen ist, für die Schätze der traditionellen Kirchenmusik begeistert werden können?
Seid ihr die Kommunikations- und Organisationsprofis, die Kirchenmusik in möglichst vielfältigen Milieus vermitteln können? Versteht ihr euch primär als Künstlerpersönlichkeiten oder als Menschen, die das Evangelium mit den Leuten teilen wollen?
Lasst uns im Gespräch bleiben; dann können wir sicher voneinander lernen und profitieren.

Eure Pfarrerin

7 Goldene Regeln

Die »Goldenen Regeln« sollen als grundlegende, stellenweise zugespitzte Thesen zum Positionieren und Orientieren anregen. Sie sind weniger als verbindliche Regeln, sondern vielmehr als Impulse für Konkretionen in Gottesdienst und Gemeindearbeit gedacht.

1. Singe!
2. Singe für dich selbst und schaffe im Singen Raum für Eigenresonanz.
3. Singe in Gemeinschaft, zueinander und füreinander und biete anderen durch dein Singen einen Ort für Resonanz.
4. Schaffe im Singen Raum für den göttlichen Klang.
5. Entdecke die Vielfalt von Kirchenliedern und Kirchenmusik. Freue dich am fremden Klang, habe ein offenes Ohr für die Lieder der anderen. Schaffe in der Gemeinde Angebote für Menschen mit unterschiedlichen musikalischen Vorlieben.
6. Finde deinen ganz persönlichen musikalischen Schatz und vermittle den anderen, was du warum liebst.
7. Entdecke einzelne Lieder und Gesangbücher als persönliche Lebensbegleiter. Präge dir Texte und Melodien ein.
8. Lies Bücher und Texte über das Singen, über Kirchenmusik und über Kirchenlieder; das Literaturverzeichnis in diesem Buch bietet eine Auswahl. Versuche zu verstehen, warum andere so gesungen haben und so singen. Manchmal ist es sinnvoll und notwendig, zu erklären, warum und wie gesungen werden soll.
9. Gestalte Gottesdienste und Gemeindearbeit hier und da auch mit der hohen, professionellen Kunst Einzelner. Übe mit der Gruppe das Zuhören und lerne mit den Solisten das gemeinsame Singen.
10. Beziehe Chöre, Bands und Musikgruppen in Gottesdienste ein und sorge dafür, dass ihr Musizieren und der Gemeindegesang miteinander auch wirklich in Beziehung stehen und nicht nebeneinander herlaufen.
11. Singen und Musizieren sind Aufgaben für interprofessionelle Zusammenarbeit und für die ganze Gemeinde. Miss die Qualität der

Kirchenmusik vor allem daran, wie Menschen beteiligt werden und ins Singen kommen.

12. Einfache Musik ist keineswegs banal. Komplexität ist kein notwendiges Merkmal von Qualität.
13. Fordere die Gemeinde beim Singen, aber erspare ihr Frust oder Peinlichkeiten. Mit Verständnis und Humor ist auch hier viel zu erreichen. Und wenn das Singen unmöglich ist, finde Formen des gemeinschaftlichen Sprechens, Hörens und Schweigens.
14. Setze dich in der Kirche dafür ein, dass an der Musik nicht gespart wird. Vielfältige Kirchenmusik ist nicht nur Kontaktfläche zu Verbundenen und Distanzierten, sondern auch Schlüssel für Gemeindeaufbau und Kirchenentwicklung der Zukunft.
15. Verstehe Singen und Kirchenmusik nicht nur als Ausdrucksform von Einzelpersonen oder Aktivität einzelner Gemeindegruppen, sondern als Teil des Auftrags der Kirche in der Welt.

8 Besondere Herausforderungen

8.1 Singen ohne (professionellen) Musiker

Musik ist in vielerlei Hinsicht mit konkreten Menschen verbunden. Die Hochachtung, ja der Kult, der manchen Musikschaffenden entgegengebracht wird, zeugt davon, genauso wie die Kritik und das Kopfschütteln über nicht Gelungenes. Und auch im kirchlichen Bereich kommt es offensichtlich besonders auf Personen an: den begeisterungsfähigen Kantor, die begnadete Sängerin, den virtuosen Organisten, die charismatische Chorleiterin. Der Titel dieses Buchs verweist darauf, dass Singen ein aktives Geschehen von Einzelnen in einer Gemeinschaft ist. Gleichzeitig beginnt mit den ersten Tonträgern Ende des 19. Jahrhunderts eine Entwicklung, die sich bis in die Gegenwart unseres digitalen Zeitalters noch verstärkt hat: Musik ist prinzipiell überall verfügbar, ganz unabhängig von der Anwesenheit von aktiv Musizierenden. Wir können Musik überall hören und dabei auch mitsingen, wann und wo immer wir möchten.

Live-Musik

Für den Gottesdienst gilt es trotzdem (immer noch) als Normalfall, dass die Musik live erzeugt wird und möglichst viele am gemeinschaftlichen, aktiven Singen partizipieren. Sichtbarer Ausdruck dieses Selbstverständnisses ist die Verfügbarkeit und Instandhaltung eines Instruments (meistens Orgeln) in jeder Kirche, die Etablierung von Ausbildungsinstitutionen und die vertragliche Bindung der dort Ausgebildeten an Gemeinden. In unseren Kirchen hat man sich an diese Situation, die weder im kirchengeschichtlichen Längsschnitt noch im Querschnitt der weltweiten Kirche selbstverständlich ist, über viele Jahrzehnte gewöhnt.

Einsparungen?

Das Fehlen einer professionellen Anleitung für die Musik im Gottesdienst wird daher zu einer besonderen Herausforderung, der auf sehr unterschiedlichen Ebenen begegnet werden kann: Zunächst einmal sollten angesichts der Bedeutung der Musik für Gottesdienst und Gemeindearbeit die Anstrengungen zur Gewinnung von Musikerinnen und Musikern intensiviert werden. Eine qualitativ hochwertige Kirchenmusik in der Breite hängt davon ab, ob sich Menschen für eine Ausbildung oder gar ein Studium der Kirchenmusik begeistern lassen. Selbst in Zeiten knapper werdender kirchlicher Ressourcen sollte gerade hier nicht gespart werden und nach alternativen Finanzierungsoptionen gesucht werden. Gut qualifizierte Kirchenmusiker sind ein Schatz für jede Gemeinde. Gleichzeitig können musikalische qualifizierte »Quereinsteiger« jenseits der klassischen Kirchenmusik das musikalische Leben einer Gemeinde nur bereichern.

Musik im Gottesdienst ist gemeinschaftliches Geschehen. Wenn das stimmt, dann muss es primäres Ziel sein, Menschen zum eigenen Singen und Musizieren zu bewegen. Das gilt in besonderer Weise für Pfarrpersonen: Grundkenntnisse im Anleiten von Gemeindeliedern müssen Bestandteil aller Phasen der Aus- und Weiterbildung sein. Seit einigen Jahren gibt es auch gute Erfahrungen damit (vgl. Siering 2019), interessierte Gemeindemitglieder zu Kirchensängerinnen auszubilden, die die Anleitung zum Singen auch ohne Anwesenheit eines Chorleiters oder einer Organistin übernehmen können. Singen fällt leichter, wenn man sich an jemandem orientieren kann. Multiprofessionalität (vgl. Kapitel 4.2) heißt auch, dass alle am Gottesdienst Beteiligten Grundkenntnisse in der Profession der anderen haben sollten. Der Kirchenmusiker sollte nicht nur die Gemeinde zum Singen bringen, sondern auch die Pfarrerin in der Anleitung zum Singen schulen. Findet sich einmalig oder regelmäßig kein professioneller Kirchenmusiker zur Gestaltung von Gottesdiensten, können so andere Personen einspringen.

Gegenseitig schulen

Es gibt (liturgische) Situationen, in denen das Abspielen von Musik über Tonträger völlig ohne Probleme stattfindet: Im Rahmen einer Liedpredigt oder eines thematischen Gottesdienstes etwa zu Popsongs, aber auch in liturgischen Formaten mit wenigen Menschen oder an bestimmten Orten, etwa in Kliniken und Pflegeeinrichtungen. Hier wird das Fehlen von Live-Musik nicht als Defizit wahrgenommen, sondern gehört zum gottesdienstlichen Konzept hinzu. Auch professionelle Kirchenmusikerinnen werden zugestehen, dass es Situationen gibt, in denen man um der Authentizität und Professionalität willen sinnvollerweise Tonträger einsetzt. Was für diese Fälle gilt, trifft auch für den Ausnahmefall (!) eines Gottesdienstes zu, für den kein Kirchenmusiker und keine Person, die das Singen anleiten kann, zur Verfügung steht: Ein Gottesdienst mit Musik vom Tonträger ist besser als ein Gottesdienst ganz ohne Musik. Eine besondere Herausforderung stellt dabei das gemeinschaftliche Singen dar, das vom Miteinander der Singenden und Begleitenden lebt.

Musik einspielen

Eine Einspielung einer Kirchenliedbegleitung wird nie in gleicher Weise auf die Situation der Singenden eingehen können wie vor Ort erzeugte Musik. Wenn sie aber der einzige Weg ist, zum Singen zu kommen, sollte man sie nutzen. Für aktuelle Gesangbücher liegen verschiedene solcher Einspielungen vor. Außerdem könnte die Herstellung geeigneter Aufnahmen vor Ort überlegt werden. Tonträger eignen sich nicht nur für den »Notfall« eines Gottesdienstes ohne Musikerin, sondern können auch zum (Kennen-)Lernen der Lieder und Gesänge außerhalb des Gottesdienstes genutzt werden (vgl. auch Kapitel 6.4 und der Beitrag von Britta Martini in Reinke 2014b, 177–187).

8.2 Singen in Vielfalt und Vielstimmigkeit

Nicht nur das absehbare Ende der Zeit einer flächendeckenden »Vollversorgung« mit Kirchenmusikerinnen, auch die zunehmende Individualisierung und Pluralisierung musikalischer Vorlieben stellen Herausforderungen dar. Je mehr Menschen miteinander musizieren, desto vielstimmiger wird es. Nicht ohne Grund liefert die Musik Bilder und Metaphern für viele Lebensbereiche: Es gibt Vielstimmigkeit ohne Resonanz, unverbundenes Nebeneinander und ein Singen, bei dem zu wenig aufeinander gehört wird. Und es gibt Versuche, die Vielstimmigkeit zu überwinden, in einen Einklang zu überführen. Vielstimmigkeit allein ist daher noch nicht gleichbedeutend mit Vielfalt.

Vielfalt fördern

Will man mit Musik den Gottesdienst und die Gemeindearbeit gestalten, ist die Wahrnehmung und Ermöglichung von qualifizierter musikalischer Vielfalt aber kaum zu überschätzen. Und gerade hier zeigen sich häufig Herausforderungen: wenn (auch) im Raum der Kirche andere musikalische Stile und Perspektiven weder wahrgenommen werden noch bekannt sind (vgl. Kapitel 3) und wenn die eigenen musikalischen Vorlieben als theologisch oder musikalisch wertvoller gesetzt werden. Musik und Singen können eine verbindende Kraft haben – wenn nicht eine bestimmte Zielgruppe oder ein musikalisches Genre sich selbst zum Maßstab erhebt. Weder das bildungsbürgerliche Milieu im Sonntagsgottesdienst der Kleinstadtgemeinde noch die Lobpreis-Gruppe sollten für eine Kirche, die sich als Kirche der Vielfalt versteht, alleine das Maß Dinge sein (vgl. Bubmann 2008; Bubmann 2014a; Herbst 2014 und Herbst 2020).

Vielfältige Themen

Es sollte aber nicht nur um eine Vielfalt der musikalischen Stile gehen, sondern auch um eine Vielfältigkeit der Themen und Formen innerhalb einzelner Genres wie dem traditionellen Kirchenlied, dem Neuen Geistlichen Lied oder dem Lobpreis (vgl. dazu besonders Moselewski/Faix 2023). Andreas Marti hat in diesem Sinne als wesentliche hymnologische Kompetenz in der Praxis die Fähigkeit beschrieben, »geistliche Lieder in unterschiedlichen Diskursen zur Sprache zu bringen und Menschen zur Musik zu befähigen – zum Zuhören, zum Mitsingen, zum Noch-mehr-mitmachen« (zitiert nach Vollmer Mateus 2005, 201 f.).

Singen und Musizieren werden damit zum Testfall für Pluralität, Diversität und Heterogenität – innerhalb der Kirche und darüber hinaus (vgl. auch Mildenberger/Ratzmann 2004). Jeder Gottesdienst mit seiner Liedauswahl, jede Diskussion um neue Gesangbücher, jede Debatte über Kernlieder stellt diese Frage: Wie gehen wir mit einer faktischen Vielstimmigkeit um und wie können wir, ohne diese Vielfalt einzuebnen, gemeinschaftlich feiern und singen?

8.3 Zukunftsmusik – Singen und kirchliche Transformationsprozesse

Ressourcenknappheit vs. Pluralisierung

Weniger hauptberufliche Kirchenmusik bei gleichzeitiger Ausdifferenzierung der Milieus und Anforderungen – die beiden genannten Herausforderungen lassen sich vom Singen leicht auf verschiedene Handlungsfelder der Kirchen in Westeuropa übertragen. Auf der einen Seite steht der deutliche Rückgang personeller und finanzieller Ressourcen und auf der anderen die zunehmende Pluralisierung und Individualisierung.

Im Kontext kirchlicher Transformationsprozesse wird vielfach auch über zukünftige Strukturen und Formen der Kirchenmusik nachgedacht (vgl. exemplarisch Koll 2023; Kerner 2005; Lelle 2023; Simowitsch 2022). Im Anschluss an diese Überlegungen soll dieses Kapitel mit Wünschen für eine Zukunftsmusik, die sich aus den vielfältigen Herausforderungen ergeben, schließen.

(Ehrenamtliche) Kirchenmusik in der Breite stärken

Wenn im Singen alle »Grunddimensionen christlicher Lebenskunst« (Bubmann 2014c, 17; vgl. Kapitel 4.1) zu finden sind, bietet Kirchenmusik in besonderer Weise ein kaum zu überschätzendes Potenzial für die Kirchenentwicklung. Dann ist aber auch eine quantitativ kleiner gewordene Kirche in anderer Gestalt als wir sie derzeit kennen qualitativ nicht ohne Kirchenmusik denkbar. Kirchenmusik muss eine Rolle in der Breite kirchlicher Arbeit spielen und das kann angesichts der Rahmenbedingungen nur bedeuten, dass immer wieder neue Menschen (»Nachwuchs«) Gottesdienste und Gemeindearbeit mit Klang erfüllen – und das zunehmend ehrenamtlich.

Kirchenmusik in allen Bereichen

Ich wünsche mir, dass Kirchenmusik in der Breite gestärkt wird,

... damit auch die kirchenmusikalischen Akteure in ihrer Diversität und ihrer Professionalität, mit ihrem je eigenen Musikstil ernstgenommen werden,

... damit kulturelles Leben auch in strukturschwächeren Regionen ermöglicht wird,

... damit Kirche musikalisch in unterschiedlichen Sozialräumen präsent ist, auch über die Grenzen von Konfessionen und Religionen hinaus.

Grenzen aufbrechen

(Professionelle) Kirchenmusik erhalten und entwickeln

Eine große, vielfältige Gruppe gut qualifizierter ehrenamtlicher Musiker braucht hauptberufliche Kirchenmusik. Dabei gilt es zu bedenken, dass Kirchenmusik »immer geübte Kunst und gelebte Glaubenspraxis zugleich« ist (Simowitsch 2022, 52 f.). Kirchenmusikalische Professionalität besteht daher nicht nur in der hohen künstlerischen Kompetenz, in welchem Musikstil auch immer. In gleichem Maß (!) sind theologische, pädagogische und kommunikative Kompetenzen gefragt.

Außermusikalische Kompetenzen

Ich wünsche mir, dass professionelle (hauptberufliche) Kirchenmusik dadurch erhalten und entwickelt wird,

... dass im Studium der Kirchenmusik gleichberechtigt musikalische und andere Kompetenzen entwickelt werden,

... dass sich die Vielfalt der kirchlichen Berufe und die multiprofessionelle Zusammenarbeit auch in kirchlicher Personalplanung wiederfindet,

... dass das kirchenmusikalische Amt stärker für »Quereinsteiger« aus anderen Berufsfeldern und mit anderen Kompetenzen geöffnet wird.

Ein neues Lied singen

Ein neues Lied

Oft liest und hört man in kirchlichen Transformationsprozessen von der Notwendigkeit, über Strukturen, Handlungsfelder und Arbeitsweisen ganz neu nachzudenken. Das Neue zu reflektieren, es dann aber auch in die Praxis umzusetzen – das ist für das Singen im Raum der Kirche seit jeher konstitutiv. Und gleichzeitig entsteht aus dem Aufruf »Singet dem Herrn ein neues Lied« höchst Unterschiedliches: eine in singbare Töne gefasste neue Theologie (wie in den Liedern Martin Luthers), eine neue musikalische Form des Singens (wie im Neuen Geistlichen Lied), ein neuer Blick auf Geschichte und eine Hinwendung zu ganz traditionellen Formen (wie in der Singbewegung zu Beginn des 20. Jahrhunderts).

Ich wünsche mir, dass auch zukünftig in diesem Sinn in der Kirche ein neues Lied gesungen wird,

... das Ausdruck von Emotionen und Überzeugungen ganz vieler und unterschiedlicher Menschen ist,

... das in der Welt Eindruck hinterlässt, Stimmungen erzeugt und Wirkung hervorbringt und dabei auf eine andere Welt verweist,

... das neben dieser expressiven und impressiven Kraft des Singens auch dessen transformatives Potenzial deutlich werden lässt.

Literatur 9

9.1 Literaturempfehlungen zu Kirchenlied und Kirchenmusik

In diesem Abschnitt werden einige Titel empfohlen, die für Interessierte zur Anschaffung empfohlen werden – als Grundlage für eine kleine persönliche Bibliothek zu Kirchenlied und Kirchenmusik. Die bibliographischen Angaben finden sich im Verzeichnis der Literatur (9.2).

Hymnologische, liturgische, theologische Grundlagen

In Kapitel 3 finden sich verschiedene Literaturhinweise zu einzelnen Stilen und Epochen des Kirchenlieds, Kapitel 4 nennt verschiedene praktisch-theologische Titel zur Kirchenmusik. Als grundlegende Einführung in das gesamte Feld der Kirchenmusik sei das Kompendium von Christoph Krummacher (2020) empfohlen, als Einführung in die praktisch theologische Diskussion der Band »Kirchenmusik als religiöse Praxis« (Fermor/Schroeter-Wittke 2005). Einen gut lesbaren Einblick in die Geschichte und Grundfragen des Kirchenliedes bieten Bubmann/Klek 2012 und Bubmann/Klek 2017. Eine Einführung in das gesamte Feld der Hymnologie bietet Andreas Martis »Kirchenlied und Gesangbuch« (2021b; vgl. auch die weiteren einführenden Titel Marti 2014 und 2021a).

Die »Enzyklopädie der Kirchenmusik« (Schneider u.a. 2011 ff.), das zweibändige Werk »Die Lieder des Evangelischen Gesangbuchs« (Thust 2009) und die »Liederkunde zum Evangelischen Gesangbuch« (EKD 2000 ff.) bieten umfangreiches Material zum Nachschlagen.

Zu empfehlen sind weiterhin Lehrwerke zum Studium der Kirchenmusik, die grundlegend in verschiedene Themenbereiche einführen. In ökumenischer Breite ist das vierbändige Werk »Basiswissen Kirchenmusik« (Kaiser/Lange 2009) angelegt. Das »Handbuch Popularmusik« (Schütz 2009) ist auf Entwicklungen des Kirchenlieds und der Kirchenmusik seit Mitte des 20. Jahrhunderts fokussiert.

Empfohlen sei schließlich eine grundlegende Einführung in die Liturgik, in der auch Aspekte der Hymnologie und Kirchenmusik bedacht werden – etwa die Bücher von Deeg/Plüss (2021) oder Bieritz (2004).

Literatur zum Singen in Gottesdienst und Gemeindearbeit

Es gibt zahlreiche Arbeitshilfen für die musikalische Gestaltung von einzelnen Gottesdiensten und gemeindlichen Veranstaltungen. Das Kompendium »Musik in Schule und Gemeinde« (Bubmann/Landgraf 2006) bietet Grundlagen und Anregungen für eine Vielzahl von Arbeitsfeldern. Einen praxisorientierten Fokus auf die gottesdienstliche Musik legt das »Werkbuch Musik im Gottesdienst« (Reinke 2014b).

Der Sammelband »Musik im Raum der Kirche« (Bönig/Bretschneider 2007) geht von einer eher theoretischen Ebene aus, blickt aber dann in einzelnen Themenfeldern auch auf die kirchenmusikalische Praxis.

Wer sich für konkrete Modelle zu Anleitung des Singens in Gottesdienst und Gemeinde interessiert, wird bei Kirschbaum (2014) und Reinke (2011b) fündig.

Gesang- und Liederbücher

Alle, die in und mit der Gemeinde singen, sollten wenigstens ein Exemplar der verschiedenen Regionalausgaben des Evangelischen Gesangbuchs und des katholischen Gebet- und Gesangbuchs »Gotteslob« in ihrem Bücherschrank haben. In diesen Gesangbüchern finden sich neben Liedern und Gesängen auch Entwürfe für liturgische Formen und hymnologische Informationen.

Landeskirchliche Beihefte wie »EG Plus« (2017), »Himmel, Erde, Luft und Meer« (2014), »Wo wir dich loben, wachsen neue Lieder« (2012 und 2019) oder »Freitöne« (2023) erweitern das Spektrum der Lieder und Gesänge. Besonders empfohlen seien auch Liedersammlungen für bestimmte Zielgruppen wie das »Kindergesangbuch« (2022), das Gesangbuch für Studierendengemeinden »Durch Hohes und Tiefes (2018) oder »Rise Up Plus. Ökumenisches Liederbuch für junge Leute« (2021).

Seit mehreren Jahrzehnten ist die Reihe »Feiert Jesus« (1995–2023) populär, zunächst eher in freikirchlichen Kontexten, später dann zunehmend im Bereich der Jugendarbeit und auch in den Landeskirchen. In der Reihe sind mittlerweile sechs Bände und diverse Zusatzmaterialien (vgl. www.feiert-jesus.de) erschienen.

Als Beispiel für eine Sammlung weltlicher und geistlicher Lieder, vom klassischen Kirchenlied bis zum Popsong sei noch »Das Liederbuch«

(Eißler/Heinzmann 2014 und Eißler u. a. 2019) empfohlen. Hier sind bislang zwei Bände und verschiedene weitere Materialien (www.das-liederbuch.de) erschienen.

Literatur und Materialien im Internet

Umfangreiche Materialsammlungen zu Gottesdienst, Gemeindearbeit und Kirchenmusik findet man über die zentralen Seiten der Evangelischen Kirche in Deutschland (www.ekd.de), der Vereinigten Evangelisch-Lutherischen Kirche Deutschlands (www.velkd.de) und der Union Evangelischer Kirchen (www.uek-online.de) – beispielsweise liturgische Bausteine oder die Liste der Texte und Wochenlieder für das Kirchenjahr. Als Einstieg in Fragen zu Kirchenjahr und Gottesdienstgestaltung eignet sich auch www.kirchenjahr-evangelisch.de.

Zum neuen evangelischen Gesangbuch informiert die EKD über eine eigene Seite (www.ekd.de/evangelisches-gesangbuch-52340.htm); zur Singvermittlung im Kontext des neuen evangelischen Gesangbuchs entsteht gerade die Seite »Forum Gesangbuch« (www.gemeinsam-singen.de). Zum aktuellen katholischen Gebet- und Gesangbuch »Gotteslob« bietet bereits eine eigene Seite vielfältige Materialien (www.mein-gotteslob.de).

Unter www.liederdatenbank.de findet sich die größte christliche deutschsprachige Liederdatenbank mit Informationen zu Liederbüchern und einzelnen Liedern. Über SongSelect (www.songselect.ccli.com), bereitgestellt von Christian Copyright Licensing International (CCLI), besteht die Möglichkeit, Lizenzen für Texte, Noten und Musikdateien zu erwerben.

9.2 Im Buch verwendete und zitierte Literatur

Adam, Gottfried/Gäfgen-Track, Kerstin/Hahn, Klaus/Martini, Uwe/Meyer-Blanck, Michael/Starck, Rainer: Groovy. Musik in der Konfi-Zeit, KU-Praxis 58 (2013).

Albrecht, Christian: Kasualtheorie. Geschichte, Bedeutung und Gestaltung kirchlicher Amtshandlungen, Praktische Theologie in Geschichte und Gegenwart 2, Tübingen 2006.

Albrecht, Christoph: Einführung in die Hymnologie, Göttingen (1973) [4]1995.

Arndt, Ernst Moritz: Von dem Wort und dem Kirchenliede nebst geistlichen Liedern, Bonn 1819, Reprint Hildesheim 1970.

Arnold, Jochen: Popularmusik im Gottesdienst. Theologische Voraussetzungen und praktische Überlegungen, in: Schütz (2009), 220–233.

Arnold, Jochen: Musik und Gottesdienst – Musik im Gottesdienst, in: Hans-Joachim Eckstein/Ulrich Heckel/Birgit Weyel (Hg.): Kompendium Gottesdienst, Tübingen 2011, 224–244.

Arnold, Jochen: Musik im Gottesdienst – liturgietheologische und dramaturgische Überlegungen, in: Arnold u.a. (2014), 165–174.

Arnold, Jochen: Das Amt der Kirchenmusik als prophetischer Dienst im Konzert der Ämter bei der Kommunikation des Evangeliums, in: Pastoraltheologie 104 (2015), 431–446.

Arnold, Jochen: »Wer singt, verkündet doppelt«. Singen als Verkündigung heute, in Bubmann/Klek 2017, 20–37.

Arnold, Jochen/Fendler, Folkert/Grüter, Verena/Kaiser, Jochen (Hg.): Gottesklänge, Musik als Quelle und Ausdruck des christlichen Glaubens, Leipzig (2013) ²2014.

Bachmann, Arne-Florian: Musik als Medium und das Begehren nach Gottunmittelbarkeit. Eine kritische Phänomenologie der Lobpreiserfahrung, in: Faix u.a. (2020), 83–96.

Baltes, Guido: Worship Songs. Exklusiv, uniform, international? Beobachtungen eines Tatbeteiligten, in: IAH Bulletin 33 (2005), 63–96.

Baltes, Guido: »Praise & Worship: Musikstil oder mehr?«, in: Wolfgang Kabus (Hg.): Popularmusik und Kirche: Ist es Liebe? Das Verhältnis von Wort und Ton, Frankfurt 2006, 99–120.

Baltes, Guido: Eine kurze Zeitreise durch die Geschichte der Lobpreismusik, in: Seidel-Humburger u.a. (2020), 8–11.

Bernoulli, Peter Ernst/Furler, Frieder (Hg.): Der Genfer Psalter. Eine Entdeckungsreise, Zürich 2001.

Bieler, Andrea: Kriegswunden. Die Verwendung der Klagepsalmen in der Seelsorgearbeit mit Kriegsveteranen vor dem Hintergrund der Hermeneutik Martin Luthers, in: Kenneth von Mtata/Karl-Wilhelm Niebuhr/Miriam Rose (Hg.): Das Lied des Herrn in der Fremde singen. Psalmen in zeitgenössischer lutherischer Interpretation, Leipzig 2015, 269-285.

Bieritz, Karl-Heinrich, Liturgik, Berlin 2004.

Blume, Cäcilie: The final Countdown. Populäre Musik bei evangelischen Bestattungen, in: Thomas Klie/Martina Kumlehn/Ralph Kunz/Thomas Schlag (Hg.): Praktische Theologie der Bestattung, Berlin 2015, 395–409.

Bönig, Winfried/Bretschneider, Wolfgang (Hg.): Musik im Raum der Kirche. Fragen und Perspektiven, Stuttgart 2007.

Bradley, Ian: Abide with Me. The World of Victorian Hymns, London 1997.

Bretschneider, Wolfgang: »Dem Sprachlosen eine Stimme geben«. Verstummt das Singen im Gottesdienst?, in: Albert Gerhards (Hg.): Kirchenmusik im 20. Jahrhundert. Erbe und Auftrag, Münster 2005, 39–50.

Bubmann, Peter, Kirchenmusik, in: Wilhelm Gräb/Birgit Weyel (Hg.): Handbuch Praktische Theologie, Gütersloh 2007, 579–590.

Bubmann, Peter: Pluralität der Lebensstile und Unvereinbarkeit des Musikgeschmacks? Praktisch-theologische und kirchentheoretische Erwägungen, in: Praktische Theologie 43 (2008), 91–97.

Bubmann, Peter: Amt, Ämter und Dienste der Kommunikation des Evangeliums. Aktuelle Herausforderungen in der Ämterfrage, in: Annette Noller/Ellen Eidt/Heinz Schmidt (Hg.): Diakonat – theologische und sozialwissenschaftliche Perspektiven auf ein kirchliches Amt, Stuttgart 2013, 85–104.

Bubmann, Peter: Populäre Kirchenmusik der Gegenwart, in: Wolfgang Hochstein/Christoph Krummacher (Hg.): Geschichte der Kirchenmusik, Band I/4, Lilienthal 2014a, 293–343.

Bubmann, Peter: Zur Theologie der Musik im Gottesdienst, in: Arnold u.a. (2014b), 174–189.

Bubmann, Peter: Singen als Modell christlicher Spiritualität und die Bedeutung der Hymnologie für die Aszetik, in: von Heyl, Andreas/Kemnitzer, Konstanze Evangelia (Hg.): Modellhaftes Denken in der Praktischen Theologie, Festschrift für Klaus Raschzok, Leipzig 2014c, 15–25.

Bubmann, Peter: »Nun singe Lob, du Christenheit«. Zur Notwendigkeit des Hymnischen in christlicher Lebenskunst und Liturgie, in: Bubmann/Klek (2017), 11–19.

Bubmann, Peter/Klek, Konrad (Hg.): Davon ich singen und sagen will. Die Evangelischen und ihre Lieder, Leipzig 2012.

Bubmann, Peter/Klek, Konrad (Hg.): »Ich sing dir mein Lied«. Kirchliches Singen heute, München 2017.

Bubmann, Peter/Landgraf, Michael (Hg.): Musik in Schule und Gemeinde. Grundlagen, Methoden, Ideen, Stuttgart 2006.

Bubmann, Peter/Weyel, Birgit: Praktische Theologie und Musik, Veröffentlichungen der Wissenschaftlichen Gesellschaft für Theologie 34, Gütersloh 2012.

Bunners, Christian: Paul Gerhardt. Weg, Werk, Wirkung, Göttingen 2006.

Chamberlain, David B., Neue Forschungsergebnisse aus der Beobachtung vorgeburtlichen Verhaltens, in: Janus/Haibach (2015), 19-31.

Cyganek, Ulrich: Singen. Jede Stimme zählt (Werkbuch), hg. von der Evangelischen Kirche im Rheinland, Düsseldorf 2011 (online verfügbar unter: www.ekir.de/www/downloads/Singen_Werkbuch_A4_lowres.pdf).

Danzeglocke, Klaus/Heye, Andreas/Reinke, Stephan A./Schroeter-Wittke, Harald (Hg.): Singen im Gottesdienst. Ergebnisse und Deutungen einer empirischen Untersuchung in evangelischen Gemeinden, hg. im Auftrag der Liturgischen Konferenz, Gütersloh 2011.

Deeg, Alexander/Plüss, David: Liturgik, Lehrbuch Praktische Theologie 5, Gütersloh 2021.

Dremel, Erik/Ratzmann, Wolfgang: Nicht nur am Sonntagvormittag. Gottesdienst verstehen und gestalten, Leipzig 2014.

Ebert, Andreas/Küstenmacher, Werner Tiki/Blohm, Johannes/Fiedler, Kirsten/Mehl, Karl/Wilhelm, Ulrike (Hg.): Das Kindergesangbuch, München [14]2022.

Eckert, Eugen/Kramer, Friedrich/Plisch, Uwe-Karsten (Hg.): Durch Hohes und Tiefes. Gesangbuch der Evangelischen Studierendengemeinden in Deutschland, München 2018.

Eggebrecht, Hans Heinrich: Geistliche Musik – was ist das?, in: Musik und Kirche 66 (1996), 3–9.

Eißler, Hans-Joachim/Heinzmann, Gottfried (Hg.): Das Liederbuch. Glauben, Lieben, Leben, Hoffen, Oberriexingen 2014.

Eißler, Hans-Joachim/Krimmer, Michael/Kuttler, Cornelius (Hg.): Das Liederbuch 2. Glauben, Lieben, Leben, Hoffen, Oberriexingen 2019.

Erichsen-Wendt, Friederike/Ruck-Schröder, Adelheid: Pfarrer:in sein, Praktische Theologie konkret 5, Göttingen 2022.

Eskew, Harry/McElrath, Hugh T.: Sing with Understanding. An Introduction to Christian Hymnology, Chicago 1995.

Evangelische Kirche in Baden (Hg.): Wo wir dich loben, wachsen neue Lieder. Anhang zum Gesangbuch der Evangelischen Landeskirche Baden, München 2012.

Evangelische Kirche in Baden (Hg.): Wo wir dich loben, wachsen neue Lieder plus. Anhang zum Gesangbuch der Evangelischen Landeskirche Baden, München 2019.

Evangelische Kirche in Deutschland/EKD (Hg.): Liederkunde zum Evangelischen Gesangbuch, Göttingen 2000ff.

Evangelisch-lutherische Kirche in Norddeutschland (Hg.): Himmel, Erde, Luft und Meer. 181 Lieder für die Gemeinde, Beiheft zum Evangelischen Gesangbuch in der Nordkirche, Kiel 2014.

Evangelisch-lutherische Landeskirche Hannover/Michaeliskloster Hildesheim (Hg.): Freitöne. Beiheft zum Evangelischen Gesangbuch, München [3]2023.

Faix, Tobias/Jung, Stefan/Künkler, Tobias (Hg.): Evangelisch Hochreligiöse im Diskurs, Stuttgart 2020.

Fedor-Freybergh, Peter, Die Schwangerschaft als erste ökologische Situation des Menschen, in: Janus/Haibach (2015),13–18.

Feiert Jesus 1–6, Holzgerlingen 1995–2023.

Fermor, Gottfried/Schroeter-Wittke, Harald (Hg.): Kirchenmusik als religiöse Praxis. Praktisch-theologisches Handbuch zur Kirchenmusik, Leipzig 2005.

Friedrichs, Lutz, Bestatten, Praktische Theologie konkret 2, Göttingen 2020.

Geck, Martin: Luthers Lieder. Leuchttürme der Reformation, Hildesheim 2017.

Gellert, Christian Fürchtegott: Gesammelte Schriften, Band II: Gedichte, Geistliche Oden und Lieder, herausgegeben von Heidi John, Carina Lehnen und Bernd Witte, Berlin u. a. 1997.

Goldschmidt, Stephan: Gottesdienste mit ›Kirchenfernen‹. Einladend durch Musik, in: Reinke (2014b), 55–64.

Grawe, Klaus/Donati, Ruth/Bernauer, Friederike (Hg.): Psychotherapie im Wandel. Von der Konfession zur Profession, Göttingen/Bern [3]1994.

Gutmann, Hans-Martin: Popularmusik der Gegenwart. Triviales, Verbindendes, Religiöses. Eine Spurensuche, in: Arnold u. a. (2014), 27–43.

Hahnen, Peter: Liederzünden! Theologie und Geschichte des Neuen Geistlichen Liedes, Kevelaer 2009.

Hasselhoff, Susanne: Flexibel singen. Auf dem Weg zum neuen digitalen evangelischen Gesangbuch, in: Musik und Kirche 93 (2023), H. 2, 86–89.

Hauschildt, Eberhard: Unterhaltungsmusik in der Kirche. Der Streit um die Musik bei Kasualien, in: Gottfried Fermor/Hans-Martin Gutmann/Harald-Schroeter (Hg.): Theophonie. Grenzgänge zwischen Musik und Theologie, Rheinbach 2000, 285–298.

Heidrich, Jürgen/Schilling, Johannes: Martin Luther. Die Lieder, Leipzig 2017.

Hempel, Christoph, Was macht Musik zu guter Musik?, in: Arnold u. a. (2014), 127–142.

Herbst, Michael: Das Gotteslob. 20 angriffslustige und angreifbare Thesen zu einer umstrittenen Frage – aus praktisch-theologischer Sicht, in: Seidel-Humburger u. a. (2020), 20–23.

Herbst, Wolfgang: Wer ist wer im Gesangbuch, Göttingen 2001.

Herbst, Wolfgang: Das Problem milieuspezifischer Musik in der kirchenmusikalischen Ausbildung, in: Mildenberger/Ratzmann (2004), 57–72.

Herbst, Wolfang: »Stille Nacht, heilige Nacht«. Die Geburt eines Welterfolgs, in: Bubmann/Klek (2012), 157–168.

Herder, Johann Gottfried: Stimmen der Völker in Liedern, Stuttgart (1978) [2]2001.

Heye, Andreas/Gembris, Heiner/Schroeter-Wittke, Harald: Singen im Gottesdienst. Eine empirische Untersuchung, in: Danzeglocke (2011), 17–57.

Heymel, Michael: Das Gesangbuch als Lebensbegleiter. Studien zur Bedeutung der Gesangbuchgeschichte für Frömmigkeit und Seelsorge, Gütersloh 2012.

Ilg, Wolfgang: Jugendarbeit gestalten, Praktische Theologie konkret 4, Göttingen 2021.

Janus, Ludwig/Haibach, Sigrun (Hg.): Seelisches Erleben vor und während der Geburt, Kulmbach (1997) [2]2015, 13-18.

Jolliet, Elie, Kirchenmusik und Digitale Kultur, in: Musik und Kirche 93 (2023), H. 2, 79–82.

Josuttis, Manfred: Der Weg in das Leben, München 1991.
Kaiser, Hans-Jürgen/Lange, Barbara: Basiswissen Kirchenmusik. Ein ökumenisches Lehr- und Lernbuch in vier Bänden mit DVD und Registerband zur Grundausbildung und Berufsbegleitung evangelischer und katholischer Kirchenmusikerinnen und Kirchenmusiker, Stuttgart 2009.
Kaiser, Jochen: Das Triviale als Modus des Erlebens. Populäre Kultur im Gottesdienst und seiner Musik, in: Pastoraltheologie 103 (2014a), 227–240.
Kaiser, Jochen: Erlebnisorientierte Liedanalyse. Methodenvorstellung und Beispielanalyse, in: Bulletin der Internationalen Arbeitsgemeinschaft für Hymnologie 42 (2014b), 255–272.
Kaiser, Jochen, Die Evangelischen und ihre Lieder. Ein hymnologischer Überblick vom 16. bis 21. Jahrhundert, in: Michael Kloecker/Udo Tworuschka (Hg.): Handbuch der Religionen, Ergänzungslieferung 2016, 1–55.
Kaiser, Jochen: Singen in Gemeinschaft als ästhetische Kommunikation. Eine ethnographische Studie, Wiesbaden 2017.
Kaiser, Jochen: Singen zur Freude oder als Gebet!? in: Wolfgang W. Müller/Franc Wagner (Hg.): Religion – Musik – Macht. Musikalische Dimensionen einer ästhetischen Theologie, Basel 2020, 101–115.
Kaiser, Jochen: »Lachen oder Weinen wird gesegnet sein«. (Sichtbare) Emotionen beim Singen von religiösen Liedern, in: Klaus Hock/Thomas Klie (Hg.): Bachzitate. Widerhall und Spiegelung, Bielefeld 2021, 123–134.
Kennel, Gunter: Musik als »Kommunikation des Evangeliums«. Eine protestantische Vergewisserung, in: Praktische Theologie 43 (2008), 85–90.
Kerner, Hanns (Hg.): Musikkultur im Gottesdienst. Herausforderungen und Perspektiven, Leipzig 2005.
Kerner, Hanns: Die Kirchenmusik: Wahrnehmungen aus zwei neuen empirischen Untersuchungen unter evangelisch Getauften in Bayern, Nürnberg 2009.
Kirche klingt. Ein Beitrag der Ständigen Konferenz für Kirchenmusik in der evangelischen Kirche von Deutschland, EKD-Text 99, Hannover 2009.
Kirschbaum, Christa: Melodiespiele mit Gesangbuch-Liedern, München 2014.
Kirschbaum, Christa/Maibaum, Uwe (Hg.): EG Plus. Beiheft zum Evangelischen Gesangbuch für die Evangelische Kirche in Hessen und Nassau und die Evangelische Kirche von Kurhessen-Waldeck, Kassel 2017.
Kirschbaum, Christa: Singen mit der Gemeinde als Bildungsarbeit, in: Fermor u. a. (2005), 199–204.
Klek, Konrad: Zwischen Scham und Ekstase. Kirche als Ort, ins Singen zu kommen?, in: Praktische Theologie 43 (2008), 105–111.
Klek, Konrad: »Singen und Sagen«. Reformatorisches Singen als öffentlicher Protest, in Bubmann/Klek (2012a), 11–26.
Klek, Konrad: Die rechten Lieder singen. Gesangbuchreform und Singbewegung im 19. und 20. Jahrhundert, in Bubmann/Klek (2012b), 169–192.
Klessmann, Michael: Kirchenmusik als Seelsorge, in: Fermor u. a. (2005), 230–234.
Klessmann, Michael, Pastoralpsychologie. Ein Lehrbuch, Neukirchen-Vluyn (2004) ^{5}2014.
Klessmann, Michael, Seelsorge. Begleitung, Begegnung, Lebensdeutung im Horizont des christlichen Glaubens. Ein Lehrbuch, (2008) 5. überarbeitete und aktualisierte Auflage, Neukirchen-Vluyn 2015.
Klüger, Ruth: weiter leben. Eine Jugend, München (1992) ^{29}2020.
Koll, Julia: Kirchenmusik als sozioreligiöse Praxis. Studien zu Religion, Musik und Gruppe am Beispiel des Posaunenchors, Leipzig 2016.

Koll, Julia: Unerhört! Kirchenmusik im kirchlichen Wandel, in: Musik und Kirche 23 (2023), 220–226.

Kopp, Stefan/Schwemmer, Marius/Werz, Joachim (Hg.): Mehr als nur eine Dienerin der Liturgie. Zur Aufgabe der Kirchenmusik heute, Freiburg 2020.

Kreutz, Gunter: Warum Singen glücklich macht, 3., erweiterte, korrigierte und aktualisierte Neuauflage, Gießen 2020, 41–58.

Krummacher, Christoph: Musik und Seelsorge, in: Böhme, Michael/Lindemann, Friedrich-Wilhelm/Naumann, Bettina/Ratzmann, Wolfgang (Hg.): Entwickeltes Leben. Neue Herausforderungen für die Seelsorge. Festschrift für Jürgen Ziemer zum 65. Geburtstag, Leipzig 2002, 231-246.

Krummacher, Christoph: Kirchenmusik, Neue Theologische Grundrisse, Tübingen 2020.

Kurzke, Hermann: Schweigen, Sprechen, Beten, Dichten, Singen, in: Christian Lehnert (Hg.): »Denn wir wissen nicht, was wir beten sollen ...«. Über die Kunst des öffentlichen Gebets, Leipzig 2014, 93–100.

Kurzke, Hermann/Neuhaus, Andrea (Hg.): Gotteslob-Revision. Probleme, Prozesse und Perspektiven einer Gesangbuchreform, Tübingen 2003.

Leikert, Sebastian: Art. Musik in: Gerlinde Gehrig/Ulrich Pfarr (Hg.): Handbuch psychoanalytischer Begriffe für die Kunstwissenschaft. Mit einem Geleitwort von Klaus Herding, Gießen 2009, 217-227.

Lelle, Antonia: Pastorale Zukunftsmusik?! Multiprofessionelle Teams in Pfarrerein, in: Musik und Kirche 23 (2023), 233–235.

Leube, Bernhard: Gegenwärtigkeit als Hauptkriterium. Zur Auswirkung der Aufklärung auf das Kirchenlied, in: Bubmann/Klek (2012), 135–149.

Leube, Bernhard: Die Kernliederliste – eine elementare Klaviatur des Glaubens, in: Bubmann/Klek (2017), 126–137.

Liederkompass für die Sonn- und Festtage des Kirchenjahres, hg. von der Liturgischen Konferenz Niedersachsens, Leipzig 2018.

Lindner, Heike: Kirchenmusik als Religionspädagogik, in: Fermor u. a. (2005), 205–209.

Lindner, Heike: Musik für den Religionsunterricht. Praxis- und kompetenzorientierte Entfaltungen, Göttingen 2014.

Lübking, Hans-Martin: Konfirmieren. Konfirmandenarbeit gestalten. Praktische Theologie konkret 3, Göttingen 2021.

Lucas Osiander: Fünffzig Lieder und Gesänge, Nürnberg 1586; Neuausgabe Ammerbuch 2017.

Luther, Henning, Alltagssorge und Seelsorge. Zur Kritik am Defizitmodell des Helfens, Wege zum Menschen 38 (1986), 2–17.

Marti, Andreas: Singen, Feiern, Glauben. Hymnologisches, Liturgisches und Theologisches zum Gesangbuch der Evangelisch-reformierten Kirchen der deutschsprachigen Schweiz, Basel 2001b.

Marti, Andreas: Wie klingt reformiert? Arbeiten zu Liturgie und Musik, hg. von David Plüss, Katrin Kusmierz und Kirsten Jäger, Zürich 2014.

Marti, Andreas: Instrumental oder vokal. Was funeral erklingen kann, in: Thomas Klie/Martina Kumlehn/Ralph Kunz/Thomas Schlag (Hg.): Praktische Theologie der Bestattung, Berlin 2015, 373–393.

Marti, Andreas: Liturgische Basisinformationen. Für die Kirchenmusikalische Ausbildung und Praxis, Basel 2021a.

Marti, Andreas: Kirchenlied und Gesangbuch. Einführung in die Hymnologie, Göttingen 2021b.

Martini, Britta, Kinderkirchenmusik, in: Fermor u. a. (2005), 189–193.

Meyer, Dietrich: Geist-reiche Lieder. Der Pietismus als Singbewegung, in: Bubmann/Klek (2012), 119–134.

Meyer-Blanck, Michael/Raschzok, Klaus/Schwier, Helmut (Hg.): Gottesdienst feiern. Zur Zukunft der Agendenarbeit in den evangelischen Kirchen, hg. im Auftrag der Liturgischen Konferenz, Gütersloh 2009.

Meyer-Blanck, Michael: »... und lasst uns fröhlich springen«. Musik als Predigt und Predigt als Musik, in: von Heyl, Andreas/Kemnitzer, Konstanze Evangelia (Hg.): Modellhaftes Denken in der Praktischen Theologie, Festschrift für Klaus Raschzok, Leipzig 2014, 129–135.

Meyer-Blanck, Michael: Der Choral als Grundgestalt evangelischen Betens, in: ders.: Das Gebet, Tübingen 2019, 84–94.

Mildenberger, Irene/Ratzmann, Wolfgang (Hg.): Klage – Lob – Verkündigung. Gottesdienstliche Musik in einer pluralen Kultur, Leipzig 2004.

Moselewski, Anna-Lena/Faix, Tobias: 10.000 Gründe für Lobpreis. Ein Plädoyer für mehr Vielfalt in Musik, Theologie und Sprache, Neukirchen-Vluyn 2023.

Neufeld, Marc: Die Bedeutung von Liedinterviews in der Lebensgeschichte. Liedinterviews als therapeutisches Instrument, Wiesbaden 2011.

Nüchtern, Michael: »Holder Knabe im lockigen Haar«. Oder: Ein bisschen Kitsch darf sein, in: Arbeitsstelle Gottesdienst 3 (2008), 16–22.

Opitz, Martin: Buch von der Deutschen Poeterey, hg. von Herbert Jaumann, Stuttgart 2006.

Packeiser, Dörte M./Egerer, Ernst-Dietrich/Holm, Thomas/Leube, Bernhard (Hg.): Lied trifft Text. Gottesdienstgestaltung mit dem Evangelischen Gesangbuch, Stuttgart 2020.

Pirner, Manfred L.: Theologisch-ästhetische Aspekte der populären Musik, in: Schütz (2009), 213–219.

Plinius Caecilius Secundus, Gaius: Briefe, lateinisch-deutsch hg. von Helmut Kasten, Zürich (1968) [7]1995.

Ratzmann, Wolfgang: Kirchenmusik als Gottesdienst, in: Fermor u.a. (2005), 137–141.

Reddemann, Luise, Wenn Musiktherapie nicht hilft, in: Bonney, Helmut (Hg.): Neurobiologie für den therapeutischen Alltag, Göttingen 2011, 181–195.

Reinke, Stephan A.: »Auch irgendwie kitschig und romantisch«. Musik bei der kirchlichen Trauung, in: Arbeitsstelle Gottesdienst 3 (2008), 5–15.

Reinke, Stephan A.: Alles Verhandlungssache? Überlegungen zur Musik im Kasualgottesdienst, in: Pastoraltheologie 100 (2011a), 413–425.

Reinke, Stephan A.: Elementarbaukasten Singleitung, München 2011b.

Reinke, Stephan A.: Kasualgottesdienst. Musikalische Aushandlungsfragen, in: Reinke (2014a),

Reinke, Stephan A.: Werkbuch Musik im Gottesdienst, Gütersloh 2014b.

Rise Up Plus. Ökumenisches Liederbuch für junge Leute. Lieder und Texte für Gottesdienst, Unterricht und Jugendarbeit, Basel [3]2021.

Schilling, Johannes/Bauer, Brinja: Singt dem Herrn ein neues Lied. 500 Jahre Evangelisches Gesangbuch, Leipzig 2023.

Schneider, Matthia/Bretschneider, Wolfgang/Massenkeil, Günther: Enzyklopädie der Kirchenmusik in 7 Bänden, Lilienthal 2011 ff.

Schneider, Michael: Weihnachten kann sein und soll sein.« Biblische und theologische Begründungsdiskurse zu Gottesdiensten inmitten der Corona-Pandemie, in: ders./Anke von Legat: Große Botschaft in kleinen Texten. Bibelauslegung in und durch Medien der Gegenwartskultur, Paderborn 2022, 252–265.

Schoberth, Ingrid: Kirchenmusik und Konfirmanden- und Jugendarbeit, in: Fermor u. a. (2005), 194–198.

Schröer, Henning: Poiesis, Creatura, Charisma. Musik aus theologischer Perspektive, in: Peter Bubmann (Hg.): Menschenfreundliche Musik: politische, therapeutische und religiöse Aspekte des Musikerlebens, Gütersloh 1993, 21–34.

Schroeter-Wittke, Harald: Halleluja. Präludien einer religionspädagogischen Hymnologie, in: Jahrbuch für Liturgik und Hymnologie 46 (2007), 143–159.

Schroeter-Wittke, Harald: Liturgische Moderation: Praktisch-theologische Erwägungen zu einem exemplarischen Modus zeitgenössischer Verkündigung, in: Pastoraltheologie 99 (2010), 449–463.

Schulze, Gerhard: Die Erlebnisgesellschaft. Kultursoziologie der Gegenwart, Frankfurt 1992.

Schütz, Michael: Handbuch Popularmusik, München 2009.

Schwier, Helmut: Kirche ohne Gottesdienst?: anfängliche Überlegungen zu Beginn der Coronavirus-Pandemie, in: Sonja Beckmeyer/Christian Mulia (Hg.): Volkskirche in postsäkularer Zeit: Erkundungsgänge und theologische Perspektiven, Stuttgart 2021, 201–203.

Seidel-Humburger, Ilse-Dore/Eißler, Hans-Joachim/Mergenthaler, Matthias/Krimmer, Michl (Hg.): Zukunftsmusik?: Lobpreis und Anbetung im Kontext der Landeskirche, Stuttgart 2020 (online verfügbar über die Seite www.zukunftsmusik.blog/).

Siering, Timm: Singen stärken mit Kirchensänger*innen, in: Liturgie und Kultur 2 (2019), 118–123.

Simowitsch, Jan: Vier Wünsche und eine Vision. Zur Zukunft der Kirchenmusik, in: Handke, Emilia/Jahn, Kristin (Hg.): Risse und Glanz. Röntgenbilder einer Kirche, Altenburg 2022, 52–56.

Söhngen, Oskar: Theologie der Musik, Kassel 1967.

Texte und Lieder für die Sonn- und Feiertage, hg. vom Landeskirchenamt der EKKW, Kassel [4]2019.

Thust, Karl-Christian: Die Lieder des Evangelischen Gesangbuchs. Kommentar zu Entstehung, Text und Musik, Kassel 2012 ff.

Vollmer Mateus, Katharina: Bewusster Umgang mit Gemeindegesang. Beobachtungen zur Rezeption zweier Ostergesänge im Gespräch mit der Gemeinde Ein Arbeitsbericht, in: Jahrbuch für Liturgik und Hymnologie 44 (2005), 199–234.

Wagner-Rau, Ulrike: Kirchenmusik und Kasualien, in: Fermor u. a. (2005), 142–146.

Walter, Meinrad/Urban, Albert (Hg.), Das Gebet- und Gesangbuch Gotteslob. Kirchenmusikalische Impulse, kommentierte Einblicke, pastoralliturgische Perspektiven, Trier 2017.

Ziemer, Jürgen, Seelsorgelehre, 4., neu bearbeitete und erweiterte Auflage, Göttingen 2015.